지워진 기억을 쫓는 남자

알렉산드르 로마노비치 루리야 지음 | 한미선 옮김

도솔

THE MAN WITH A SHATTERED WORLD

지워진 기억을 쫓는 남자

초판 1쇄 찍음 2008년 7월 7일
초판 1쇄 펴냄 2008년 7월 17일

지은이 알렉산드르 로마노비치 루리야
옮긴이 한미선

주간 강창래
편집진행 한정아 편집 서재영
디자인 Design BAG
마케팅 양승우, 정복순, 최동민 관리 최희은

인쇄제본 상지사 종이 화인페이퍼

펴낸곳 도솔출판사 펴낸이 최정환
등록번호 제1-867호
등록일자 1989년 1월 17일
주소 121-841 서울시 마포구 서교동 460-8번지
전화 335-5755 팩스 335-6069
홈페이지 www.dosolbooks.com 전자우편 dosol511@empal.com

값은 뒤표지에 있습니다.
ISBN 978-89-7220-223-3 03180

그토록 뿌리 깊은 '이야기' 전통으로의 회귀이다.

_ 올리버 색스

차례

서문
따뜻한 인간애를 다루는
낭만적 과학의 고전

올리버 색스

알렉산드르 로마노비치 루리야는 1902년에 출생해서 1977년에 세상을 떠날 때까지 활발한 저술 활동을 펼쳤으며, 인간의 뇌와 사고에 대한 사람들의 인식을 가장 크게 변화시킨 인물이다. 그는 인간의 사고, 인지, 행동 구조를 연구하고 그것이 어떻게 손상되는지, 나아가 심각하게 손상된 후에 어떻게 인간의 사고가 재구축되는지를 연구하는 데 일생을 바쳤다. 또한 상당히 광범위한 분야에 걸쳐 관심을 가지고 있었으며, 55년간 쉴 새 없이 책을 저술했다(1922년에 심리 분석에 관한 첫 번째 저서가 출간됐으며 기억, 언어, 인지 발달에 관한 마지막 저서들은 모두 그가 세상을 떠나던 해에 출간됐다). 루리야 박사는 신경증, 파킨슨병, 언어 장애, 행동 장애, 아동 행동 및 인지 장애, 복잡한 형태의 정신적 시각 장애, 기억 및 상상력의 본질(루리야 박사가 개인적으로 가장 흥미를 가진 분야라고 생각한다) 등 다양한 분야를 심도 있게 탐구해 인식의 지평을 넓히는 데 크게 공헌했다. 그가 쓴 20여 권의 책과 수백 편의 기사에는 명확한 사고와 문체와 열정, 무엇보다도 자신의 일에 대한 진정한 사랑이 녹아 있다. 루리야 박사는 왕성한 활동을 통해 의미 있는 업적을 남긴 20세기 신경심리학자였으며, 50년 전에는 상상도 할 수 없을 정도로 신비스러우면서도 흥미로운 분야로 신경심리학을 격상시키는 데 공헌했다.

루리야 박사가 처음부터 특별한 접근법과 끊임없는 탐구로 발자취를 남길 수 있었던 이유는 가장 기본적인 뇌의 기능조차도 본질적으로 완전히 생물학적 요인 때문만은 아니며 인간의 경험, 상호작용, 문화 그리고 개인차에 의해 결정된다고 생각했기 때문이다. 그는 인간의 지적 능력은 개별적으로 연구되거나 이해될 수 없으며 생활 환경 및 성장 환경과 연관지어 이해해야 한다고 생각했다. 이러한 '사회적' 관점은 특히 위대한 스승인 레프 비고츠키Lev Vygotsky의 주장과 일맥상통한다. 그래서 루리야 박사는 그의 작업이 비고츠키 연구의 연장선상에 있다고 말하곤 했다. 특히 프로이트나 파블로프 박사를 포함한 다른 학자들도 루리야 박사의 연구에 커다란 영향을 미쳤다. 그렇지만 루리야 박사가 자신만의 방식으로 사고하는 독창적인 인물이었다는 사실은 부인할 수 없을 것이다.

아동의 언어 및 사고 발달, 놀이, 이문화 간 인지 발달에 관한 초기 연구는 다분히 비고츠키의 영향을 받았다는 평가를 받는다. 그러나 사고 기능 발달에 관한 연구가 세분화를 통해 보완될 필요성이 있다고 느낀 루리야 박사는 1930년대 후반에 고전적인 임상 분석 방법으로 눈을 돌렸다. 이후 루리야 박사는 임상 분석적 접근법을 적극적으로 활용했다. 뇌 손상이 인지, 기억, 상상력, 언어 및 인간의 사고에 미치는 영향을 고찰하는 것은 언제나 고전 신경학의 주된 관심사였다. 뇌와 사고 기능에 대한 획기적이고 새로운 개념과 접근법은 신경학적 프로세스를 이해하는 새로운 지평을 열었으며, 동시에 새로운 방식들은 치료법으로서 잠재력을 인정받았다(이는 치료적인 측면에서는 아무것도 할 것이 없다고 했던 고전 신경학과는 대조적이었다).

심각한 뇌 손상 환자들을 양산했던 비극의 2차 세계대전은 새로운 학문 분야인 신경심리학이 주목받는 계기가 되었다. 그리고 루리야 박사의 책《뇌 손상 이후의 기능 회복The Restoration of Function after Brain Injury》은 뇌 손상 환자들을 새롭게 이해하고 치료에 새로운 희망의 불씨를 안겨주었다. 전쟁 후, 그의 연구는 뇌동맥류와 뇌종양 분야로 확대됐으며, 결국 언어, 기억, 인지, 상상력, 판단(이러한 기능은 모두 인간의 사고를 구성하는 요소이다)에 대해 가장 포괄적인 연구를 이끌어냈다. 이 연구는 다음의 책에서 찾아볼 수 있다.《인간의 뇌와 심리학적 프로세스Human Brain and Psychological Process》,《외상성 실어증Traumatic Aphasia》,《신경언어학의 기본적인 문제점 Basic Problems of Neurolinguistics》,《기억의 신경심리학 The Neuropsychology of Memory》,《인간 대뇌피질의 기능 Higher Cortical Functions in Man》. 이 중 마지막 책은 가장 기념비적인 작품으로 평가받는다.

이 책은 루리야 박사의 고전적인 과학자로서의 모습을 보여준다. 그러나 루리야 박사에게는 또 다른 중요한 면이 숨겨져 있다. 그는 이러한 면을 '낭만적인 과학'이라고 즐겨 일컬었다. 루리야 박사는 '고전주의' 과학과 '낭만주의' 과학을 다음과 같이 비교하고 있다.

고전주의 학자들은 구성 요소라는 관점으로 사건을 바라본다. 그래서 관념적이고 개괄적인 법칙을 구성할 수 있을 때까지 중요한 단위와 요소를 차근차근 뽑아낸다.

이 접근법은 다채로움으로 가득 찬 살아 있는 존재를 추상적인 배경지식으로 환원한다. 살아 있는 존재로서 지닌 특징은 사라진다. 그래서 시인 괴테는 이렇게 말했다. "모든 이론은 회색이지만 생명의 나무는 영원히 푸르다."

반면 낭만적 학자들의 특성, 태도, 전략은 그 반대이다. 그들은 고전주의 학자들의 철학인 환원주의적 경로를 따르지 않는다. 낭만주의 학자들은 살아 있는 존재를 근본적인 구성 요소로 분해하려 하지 않고, 삶의 구체적인 사건을 현상 자체의 특징을 잃어버린 관념적인 모델로 표현하고 싶어 하지도 않는다. 살아 있는 존재의 풍요로움을 그대로 보존하는 것이 궁극적으로 가장 중요하게 여기는 철학이며, 그들은 이러한 풍요로움을 그대로 간직한 과학을 추구하는 사람들이다. (《마음먹기Making of Mind》, 174쪽)

'낭만주의 과학'이라는 개념은 그가 말년에 집필한 두 권의 기념비적 '신경학적 소설'인 《모든 것을 기억하는 남자The Mind of a Mnemonist》와 《지워진 기억을 쫓는 남자The Man with a Shattered World》에 등장한다.

《지워진 기억을 쫓는 남자》가 처음 출간됐을 때, 그 책을 읽고 흥분해서 책 리뷰를 썼다. 결국 이 리뷰 덕분에 루리야 박사에 대한 에세이를 쓰게 되었다(〈A. R. 루리야의 사고The Mind of A. R. Luria〉, 리스너, 1973년 6월 28일). 그러나 그가 자신의 작품에 대한 태도를 명확하게 기술한 답장을 보내왔을 때, 나는 더욱 흥분했다(루리야 박사에게 편지를 받는다는 것은 프로이트 박사한테 받는 것이나 마찬가지였다). 그는 답장에서 이렇게 밝혔다.

솔직히 말해서 나는 셰르셉스키나 자세츠키에 관한 연구처럼 '전기' 형식의 연구를 굉장히 좋아한다. 우선은 그것이 내가 소개하고 싶은 낭만주의 과학이기 때문이며, 그 다음으로 형식적이고 통계적인 접근법을 강하게 부정하고 성격에 대한 성질적 연구, 즉 인간의 성격 구조 기저에 있는 모든 요인을 밝히려는 시도를 선호하기 때문이다. 이 두 권의 책이 다른 책과 다른 점은 오직 스타일뿐이다. 그러나 원칙은 변하지 않고 그대로 남아 있다. (1973년 7월 19일 편지 중에서)

그리고 몇 년 뒤 또 한 장의 편지를 받았다.

나는 이제까지 사례를 훌륭하게 임상적으로 기술하는 것이 의학에 있어서, 특히 신경학과 정신의학에서 중요한 역할을 한다는 것을 알고, 확신하고 있었다. 그러나 현대의 학자들은 19세기의 위대한 신경학자나 정신의학자라면 누구나 갖고 있던 기술 능력이 없다. (1973년 7월 25일 편지 중에서)

루리야 박사는 낭만주의 과학을 재정립하는 것이 자신의 소명(자신의 두 가지 소명 중 하나)이라고 생각했다(또 다른 하나는 신경심리학을 새로운 분석과학으로 정립시키는 것이었다). 이 두 가지 모험적인 소명은 서로 상반된 것이 아니라 모든 측면에서 상호보완적이었다. 그래서 그는 '체계적인' 서적(《인간 대뇌피질의 기능》)과 '전기적' 혹은 '낭만주의적' 서적(《모든 것을 기억하는 남자》,《지워진 기억을 쫓는 남자》)과 같은 두 가지 종류의 책을 써야 한다고 말했다. 루리야 박사는 후자의 서적이 심도 면에서 가볍다거나 전자에 비해 중요성이 떨어진다고 생각하지 않았다. 오히려 그는 이 방법이 고전주의 과학만큼이나 필요하며 그것을 보완할 수 있는 다른 형태의 과학이라고 생각했다. 그의 책이 굉장히 읽기 쉽고 이해하기 쉽다는 점은 우연이 아니며 도전정신의 결과였다. 그는 온전한 전체로서의 환자, 즉 한 인간을 조명하기 위해 노력하는 동시에 흄David Hume이 꿈꿨듯이 그림과 해부학을 결합해서 인간의 존재를 구성하는 본질적인 구조를 묘사했다.

인간을 그림으로 묘사하는 동시에 해부하는 것은 소설가와 과학자가 함께 지닐 수 있는 꿈으로, 프로이트가 처음으로 시도했다. 루리야의 사례 기록을 읽는 독자들은 프로이트의 놀라운 사례사事例史를 머릿속에 떠올릴 수 있을 것이다. 실제로 루리야 박사의 사례사는 정확성, 생명력, 깊이와 세부적이고 폭넓은 이해라는 측면에서 프로이트에 비교할 만하다(물론, 신경심리학과 심리분석이 다른 것과 마찬가지로 두 사람의 사례사는 분명 다르다). 근본적으로 두 사람 모두 인간의 본질을 탐구하고 있다는 공통점이 있다. 또한 인간 본질에 대해 새로운 사고 방법을 제시하고 있다는 점도 무시할 수 없다.

　루리야 박사의 '전기'들은 30년간 진행된 장기간의 사례 기록이라는 점에서 다른 사례사와 매우 다르다. 프로이트는 물론 어떤 학자도 30년에 걸친 장기적인 사례사는 제공하지 못했다. 그러나 루리야 박사의 전기가 지닌 진정한 가치는 그 스타일에 있다. 그의 전기는 관찰 대상에 대한 따뜻한 인간애를 바탕으로 그들의 증상을 정확하게 분석적으로 묘사하고 있다. 정확한 분석은 한 '증상(신드롬)', 즉 질병, 소인素因, 변경된 기능 전체를 구체적으로 기술하는 데 도움을 준다. 그러나 분석된 증상은 소설처럼 쉽게 기술된 한 개인의 내면에 깊숙이 감춰져 있다. 다시 말해, 증상은 언제나 한 개인과 관련이 있으며 개인 역시 증상과 관련이 있다. 따라서 개인과 과학적인 방법이 언제나 결합될 수 있다는 뜻이다. 루리야 박사가 소설적인 기술 방법과 과학적인 분석 방법을 결합하는 데 성공할지 여부는 독자의 몫이다. 반드시 강조할 점은 그의 도전정신이 과감하며 새롭다는 것이다. 루리야 박사 이전에 어느 누구도 신경학적인 '소설'이 가능하다고 생각했던 사람은 없었다.

　루리야 박사는 "월터 페이터의 《상상적 초상Imaginary Portraits》의 기법을 따르려고 노력했다. 물론 나의 책은 비상상적 초상이라는 점에서 그것과는 다르다."라고 썼다. 셰르솁스키나 자세츠키가 겪은 실제 사실을 살아 숨쉬는 듯한 아름다운 사례사로 바꾸기 위해서는 독창적인 아이디어와 상상력이 멋지게 결합되어야 했는데, 책 속의 초상은 상상력에 기초한 것은 아니지만 상상력이 풍부하게 녹아 있다. 물론 여기 제시된 이야기들은 극단적인 사례이다. 그러나 이 사례는 특별한 재능의 이상적 발달(기억술사의 놀라운 상상력과 기억력처럼)이든, 뇌 부상을 입은 자세츠키의 특정한 뇌 기능이나 기억력의 심각한 손상이든, 어떤 것을 다루든 굉장히 훌륭하고 유익하다.

19세기의 위대한 의사인 아이비 맥킨지는 이렇게 썼다. "의사는 (자연주의자와는 달리) 인간이라는 단 하나의 유기체에 관심을 갖고, 불리한 환경에서 인간의 정체성을 보존하기 위해 노력한다." 신경심리학자인 루리야 박사는 질병과 증상, 뇌와 기억력의 구성과 요소를 연구한다. 그러나 낭만주의 과학자이자 의사인 루리야 박사는 언제나 정체성에 관심을 갖고 그것을 느끼면서 역경을 극복하려고 고군분투할 때 뇌에서 일어나는 변화를 관찰하고 확인한다. 그래서 전기 형식을 띤 그의 작품은 인격을 지닌 개인을 철저하게 파헤치고 그들의 사고와 삶, 세계와 생존까지 조명한다.

루리야 박사는 《모든 것을 기억하는 남자》에서 기억술사의 기억력을 흥미롭게 분석하고 있을 뿐만 아니라, 기억술사의 인간적 고뇌에 깊은 관심을 표명한다. 이러한 관심과 애정은 주인공인 환자의 고통이 훨씬 더 고통스럽고 강도 높게 묘사된 《지워진 기억을 쫓는 남자》에서 더욱 극명하게 드러나고 있다.

제롬 부르너Jerome Bruner가 《모든 것을 기억하는 남자》의 서문에서 강조했듯이, 두 권의 책 모두 의학적, 과학적 형식을 뛰어넘어 아름답고 명료한 언어와 중요한 개념을 바탕으로 탄탄한 내러티브가 특징인 새로운 문학 장르를 구축하고 있다.《지워진 기억을 쫓는 남자》는 이야기의 시작부터 극적인 긴장감을 전달한다(대부분의 실화가 그렇듯이 이 이야기는 끝이 없다). 루리야는 이 책의 저자가 주인공인 자세츠키라고 말하지만, 독자들은 두 사람을 공동 저자 혹은 협력자로 봐야 한다. 20세기에 출간된 책 중에 이러한 형식을 취한 예는 없었다. 그러나 19세기에 한 익명의 작가가 쓴《한 안면 경련 환자의 고백Confessions of a Ticqueur》에서는 의사들의 논평이 결합된 형식으로 이야기가 전개된 사례를 찾을 수 있다.《한 안면 경련 환자의 고백》은 메기Meige와 페인델Feindel의 안면 경련에 대한 이야기로 시작된다. 루리야 박사는 이러한 과거의 전통을 참고해서 완전히 새로운 장르로 재창조하는 데 성공한다.

자세츠키는 1942년에 폭탄 파편을 맞아 좌측 두정 후두부가 크게 손상되는 뇌 손상을 입었다. (자세츠키와 루리야 박사의 이야기와 신경해부학과 대뇌 기능에 대한 기술이 얽혀서 전개되므로, 환자의 증상과 신경해부학적 정보를 이해하기 쉬운 동시에 효과적으로 명료하게 전달한다.) 뇌 손상은 그의 삶을 송두리째 변화시켰다. 자세츠키는 시각적 혼돈으로 말할 수 없는 고통을 겪었다. 그의 시야에 남아 있는 물체들은 너무나 불안정하고 흐릿했으며 혼돈스러워서 시야에 들어오는 모든 것이 움직이는 상태에 있는 것처럼 보인다. 그는 또한 몸의 오른쪽을 볼 수도 상상할 수도 없다. 오른쪽이라는 의미 자체가 그를 둘러싼 외부 세계는 물론 그에게서도 사라지고 말았다. 그는 자신의 몸에 대해 끊임없이 의심할 수밖에 없었다. 자세츠키는 몸의 일부가 바뀐 것은 아닐까 하고 생각하곤 했다. 자신의 머리는 비정상적으로 커지고 상체는 극도로 작아지며 다리가 다른 곳에 붙어 있는 것은 아닐까 생각하는 것이다. 그는 심지어 오른쪽 다리가 어깨 위쪽이나 머리 위쪽에 붙어 있는 것은 아닐까 의심하기도 한다. 뿐만 아니라 신체의 각 부분이 어떤 기능을 하는지도 기억하지 못한다. 실제로 그는 배변하고 싶을 때 항문이 어디 있는지도 기억해낼 수 없었다.

무엇보다도 가장 심각한 것은 크게 손상을 입은 언어와 사고 능력이다. "머릿속은 하얀 도화지 같다. 단 하나의 단어도 기억할 수 없다. …… 내가 기억하는 것은 오로지 관련 없는 단편적인 기억뿐이다." 그는 이러한 느낌 때문에 자신이 "끔찍한 아이"가 된 것 같다고 생각한다. 아니면 끔찍한 꿈속에서 마법에 걸리거나 길을 잃은 것이라고 생각한다. "꿈이라면 이렇게 길고 지루하게 계속될 리가 없다. 결국 최근 몇 년간 겪은 일이 현실이라는 것을 의미한다. 정말 끔찍한 병이다." 그는 과거의 자세츠키, 과거와 세계가 사라졌기 때문에 심지어 자신이 죽었다고까지 생각한다. 그러나 전두엽은 손상을 입지 않은 상태이기 때문에 그는 여전히 지금의 상황을 이해하고 손상된 기억을 향상시키려 노력할 수 있다. 이 책은 바로 그가 기울인 노력에 관한 이야기이며, 그 속에서 환자와 의사 사이에 친밀하고 돈독한 인간적 관계가 드러난다. 이러한 관계는 《모든 것을 기억하는 남자》에서 보여주었던 관계를 뛰어넘는 것이며, 의사와 환자의 관계는 의학이나 치료에서는 간과할 수 없는 핵심 요인이다. 따뜻한 인간관계는 이 책을 더욱 따뜻하고 아름답게 빛내준다. 이 책은 부상이나 결함에 대한 이야기라기보다는 그것을 극복하려는 한 인간의 눈물겨운 노력에 관한 것이다. 따라서 이것은 생존에 관한, 나아가서는 한계 극복에 관한 이야기라고 할 수 있다.

자세츠키의 절망과 실망감의 옆에는 언제나 향상시키려는, 가능한 한 모든 것을 되돌리려는, 그리고 자신의 삶에 의미를 되살리려고 하는, 포기할 줄 모르는 강력한 의지가 버티고 있다. 자세츠키와 루리야 박사는 군사적으로 은유한다. 처음 자세츠키가 선택한 이 책의 원제는 '끝나지 않은 나의 싸움I'll fight on' 이었으며 루리야 박사는 처음부터 끝까지 그를 '투사' 라고 묘사한다. "이 책은 손상된 뇌 기능을 회복하기 위해 끈질긴 지옥의 망령들과 싸웠던 한 인간에 관한 이야기이다. 그가 여러 가지 면에서 아직도 무력한 상태이긴 하지만, 궁극적으로 그는 자신과의 싸움에서 승리했다."

이 책은 심각한 기억 상실과 실어증을 앓고 있는 자세츠키가 일기를 쓰지 않았다면 있지도 않았을 것이다. 그는 자신이 쓴 글을 읽거나 기억할 수 없다. 그저 기억과 생각이 떠오를 때마다 메모할 수밖에 없었다. 그리고 그것은 끔찍할 정도로 고통스럽고 더딘 작업이었다. 그는 아무것도 기억하거나 쓸 수 없을 때가 많았으며, 쓴다고 하더라도 몇 문장을 써 내려가는 것이 고작이었다. 그런데도 그는 믿을 수 없을 만큼 단단한 의지와 인내심으로 20년 넘게 무려 3천 쪽에 달하는 글을 썼다. 그가 이 작업에 매달렸던 가장 큰 이유는 그것들을 순서대로 배열해서 잃어버린 자신의 기억을 회복하고 재구성하고 싶었기 때문이다. 그것을 통해 쓸모없는 인간에서 의미 있는 인간으로 다시 태어나고 싶었던 것이다. 루리야 박사의 말처럼 자세츠키가 그 싸움에서 승리할 가능성은 정말 없어 보였다. 그는 기억이 지워진 채 평생 동안 살아갈 가능성이 높았다. 그의 대뇌 기능 중 심하게 손상된 부분만 놓고 보면 분명히 그랬다. (여러 가지 면에서 그는 여전히 과거와 마찬가지로 절망적인 상태에 있다.) 그러나 그의 '삶' 은 그렇지 않았다. 자신이 구성한 이야기를 통해 자세츠키는 자신이 살았던, 그리고 앞으로 살아가야 할 세계에 대해, 인생의 의미를 다시 이해하고 구성할 수 있게 되었다. 루리야 박사가 그가 승리했다고 말한 이유는 이 때문이리라.

이 책에는 "인간의 삶은 되돌아보고, 진실로 기억되고 적절히 활용되기 전까지는 진정한 삶이 아니다."라는 보편적인 진리가 숨어 있으며, 그 진리는 자세츠키를 통해 다시금 깨달을 수 있다. 그러한 기억은 수동적인 것이 아니라 능동적인 것이며, 삶을 적극적이고 창조적으로 구성하고, 자신의 삶에 녹아 있는 진솔한 이야기를 발견하고 이야기하는 것이다. 이러한 측면에서, 모든 것을 기억하는 기억술사는 자신의 삶을 잃어버린 반면, 기억이 지워진 남자는 자신의 삶을 되찾는 모순을 보여준다.

루리야 서문
25년 동안의 절망과 승리

이 책은 뇌를 관통한 총알 하나가 한 남자의 인생을 얼마나 잔인하게 파괴했는지를 찬찬히 설명하고 있다. 그는 잃어버린 기억을 되찾고 미래를 꿈꿀 기회를 잡기 위해 가능한 한 모든 방법을 다 써보았지만 행운의 여신은 잔인하게도 등을 돌리고 말았다. 그렇지만 어떤 면에서는 그가 승리했다고 생각한다. 이 책이 나오기까지 내가 한 일은 전혀 없다고 말하는 이유는 내가 겸손해서가 아니라 이 책의 진짜 저자는 바로 주인공이기 때문이다.

내 앞에는 공책 더미가 있다. 임시변통으로 묶어둔 것들은 전쟁 동안에 씌어진 것인데 빛이 바랬다. 다른 것들은 두껍고 기름을 먹인 표지를 달고 있는데 최근의 일들을 담고 있다. 모두 3천 쪽쯤 된다. 이것들은 한 남자가 끔찍한 머리 부상 때문에 생긴 문제들을 애써 기록한 25년간의 작업이다.

글의 소재는 시도 때도 없이 불쑥불쑥 떠오르는 단편적인 과거의 기억이 전부였다. 단어와 생각들이 모두 고통스러운 노력의 결과물이기는 했지만, 그는 기억의 조각들을 순서대로 배열하고 연속성을 부여했다. 하루에 한 쪽쯤을 겨우 썼는데 많아야 두 쪽이었다. 그러고 나면 진이 빠져버리는 것 같았다.

글쓰기는 삶과 연결된 고리였으며, 병에 굴복하지 않고 자신이 잃어버린 것들 가운데 일부라도 되살릴 수 있는 유일한 희망이었다. 이 일기는 삶에 대한 필사적인 싸움을 심리학자들도 부러워하지 않을 수 없을 만큼 꼼꼼히 기록하고 있다.

나는 이 남자의 흩어져버린 기억들을 한데 모으는 작업을 하면서, 지난 25년간 환자인 그를 관찰한 내용도 포함시켰다. 그를 알게 되면서 나는 그 총알이 굉장히 똑똑한 한 청년의 삶을 완전히 파괴했다는 사실을 깨달았으며, 이러한 나의 느낌과 생각을 다른 이들과 나누고 싶었다. 그 결과물이 바로 이 책이다.

이 청년은 자신의 설명을 '이야기'라고 말하지만, 이 책 어디에도 허구는 없다. 그의 모든 주장은 수많은 기록과 관찰을 통해 사실임이 입증되었다.

말하자면 이 책은 손상된 뇌 기능을 회복하기 위해 끈질긴 지옥의 망령들과 싸웠던 한 인간에 관한 이야기이다. 그가 여러 가지 면에서 아직도 무력한 상태이긴 하지만, 궁극적으로 그는 자신과의 싸움에서 승리했다.

루리야
1972년 모스크바에서

자세츠키 서문
끝나지 않은 나의 싸움

사람의 뇌에 대해 전문적인 지식을 갖고 있는 사람이라면 누구나 나의 질병을 이해할 것이다. 그리고 뇌 손상이 한 인간의 사고, 기억력, 신체에 어떤 영향을 미치는지 깨닫고, 나의 노력을 충분히 인정할 것이며, 내가 살아가면서 겪는 어려움들을 극복할 수 있게끔 도와줄 것이다. 나는 우주 공간에 대해 많은 논의가 이루어지고 있다는 것과 우리가 살고 있는 지구가 무한대의 우주 공간 속에서 아주 작은 부분일 뿐이라는 사실을 잘 알고 있다. 그러나 실제로 최대한 상상해봤자 우주선을 타고 태양 주변을 도는 가까운 행성에 가는 정도라고 생각하는 사람들은 거의 없다. 한 인간의 두개골을 뚫고 들어가 뇌 조직을 찢고 태우며, 기억력과 시력, 청각과 인식 능력을 완전히 파괴하는 총알이나 혹은 폭탄 파편 한 조각이 얼마나 놀라운 파괴력을 지녔는지 아무도 알지 못한다. 그토록 놀라운 파괴력을 지니지 않았다면, 지금 내가 이토록 아픈 이유는 무엇일까? 기억력이 제대로 작동하지 않고 시력이 원래대로 돌아오지 않는 이유는 어떻게 설명할 수 있을까? 왜 머릿속에서 항상 윙윙거리는 소리가 들리고 송곳으로 찌르는 듯 머리가 아픈 것일까? 모든 것을 처음부터 다시 시작해야 하고, 부상과 병으로 잃어버린 세계를 이해해야 하며, 퍼즐처럼 조각 난 기억의 파편들을 끼워 맞춰 완벽한 그림을 만들어야 한다는 사실이 서글프기만 하다.

이 글에 '끝나지 않은 나의 싸움'이라는 제목을 붙이려 한다. 내가 겪고 있는 이 재앙이 어떻게 일어났으며, 부상을 입은 후 얼마나 나를 끊임없이 괴롭히고 있는지에 대해 쓰고 싶었다. 나는 희망을 버리지 않았다. 기억력과 언어 능력, 사고력과 이해력을 향상시켜 지금의 상황을 나아지게 하는 데 최선을 다할 것이다. 그리고 부상과 그 후유증으로 잃어버렸던 삶을 되찾기 위한 나의 싸움은 계속될 것이다.

자세츠키

세상이 망가지기 전에는

처음에는 모든 것이 평범했다. 지난날의 삶은 다른 사람들과 그리 다르지 않았다. 어려움을 겪기도 했지만, 쉽게 극복할 수 있는 일들이었다. 그에게는 밝은 미래가 보장된 것처럼 보였다.

그는 지금도 이때를 회상하는 것을 좋아하며, 일기장의 기록들은 잃어버린 그 시절로 자꾸만 되돌아가려고 한다.

1941년 전쟁이 일어나기 바로 전에, 나는 과학 기술 전문학교에서 3학년을 마치고 곧 전문기관에서 실무 경험을 쌓게 되리라는 기대에 부풀어 있었다. 그 기관에서 큰 프로젝트를 하게 되면 내가 맡게 될 업무를 상상하곤 했다. 멋진 미래를 누리려면 독자적으로 작업을 수행하는 것이 전문학교 과정과 연구를 마무리하는 데 가장 좋은 길이라고 생각했다.

이런저런 이유로 어렸을 때부터 과학을 비롯하여 일반적인 지식에 흥미를 가지게 되었고, 학교나 스터디 그룹 혹은 일상생활에서 얻을 수 있는 정보는 무엇이든 닥치는 대로 받아들였다. 나는 재주가 많고 능력 있는 사람이 되기를 원했고, 과학과 기술을 통해 조국에 이바지할 수 있게 되기를 간절히 소망했다.

탄광에서 엔지니어로 일하시던 아버지는 내가 두 살이 되기 전에 갑작스러운 사고로 세상을 떠나셨다. 아버지가 돌아가신 후, 자식을 부양할 연금을 신청하는 방법조차 몰랐던 까막눈의 어머니는 어린 네 자녀와 힘든 시간을 보냈다. 그러나 어머니는 낯설고 힘겨운 생활에 당당히 맞서 열심히 일했으며, 우리들을 입히고 먹이고 심지어 학교에도 보내주셨다. 나 역시 학교에 다녔다. 초등학교 성적이 굉장히 좋았고 6년 뒤에는 우수한 성적으로 중학교를 졸업했다.

"얼마 안 있으면 전문학교도 졸업하게 될 거야. 이제 2년 남은 건가? 2년 정도야 금방이지 뭐! 걱정 없어. 졸업만 하면 어머니를 도와드릴 수 있을 테고, 그러면 어머니도 좀 편해지실 거야."

그는 때때로 어린 시절을 기억해냈다. 처음에는 기억이 어렴풋했지만 나중엔 놀라울 정도로 생생해졌다.

나도 어린 시절을 기억할 수 있다. 심지어 초등학교 1, 2학년 시절까지도 기억이 난다. 초등학교 때 선생님인 마야 가브리로브나 라프쉬나도, 가장 절친했던 친구들이었던 산카 미로노프, 볼로드

카 사로마틴, 타냐 라쉬나, 아다 프로토포포바, 마튜샤 루치니크바도 기억한다.

그리고 초등학교 2학년 때 친구들과 함께 했던 놀이와 노래도 기억할 수 있다. 나는 싫어했던 애들을 주제로 심술궂은 시를 쓰기도 했다. 또한 모스코바 청년 개척자 회의에도 나갔으며, 야영을 했던 장소와 우리가 치렀던 경주도 기억난다. 뿐만 아니라 내 고향 에피판Epifan의 골목골목과 마을까지 모두 기억한다. 사람들이 지구, 태양, 달, 별, 우주와 같은 단어들을 무슨 뜻으로 사용했는지도 기억한다(이런 것들은 초등학생도 기억할 수 있다).

그의 일기장에는 어린이와 청소년 시절을 보낸 그 평화로운 마을의 기억이 담겨 있다.

에피판은 한때 무역의 중심지였다. 마을 중앙에는 성모 마리아와 아기 예수를 그린 프레스코화와 금 십자가로 첨탑을 장식한 웅장한 대성당이 있었다. 그 대성당을 중심으로 빛줄기처럼 길이 뻗어 있었고, 성당 근처의 도로에는 2~3층짜리 가옥들이 줄지어 있었다. 성당에서 멀리 떨어진 도로에는 상인들의 단층 목조 가옥이 있었다. 마을 가장자리에는 서너 개의 교회가 더 있었으며, 1킬로미터 떨어진 곳에는 북쪽에서 남쪽으로 흐르는 개울이 하나 있었다. 개울로 가려면 왼쪽으로 꺾어 가파른 골목길을 지나거나 우스

펜스카야 교회 근처의 가파르고 구불구불한 길을 따라가야 했다. 우리 가족은 파르코바Parkova라는 작은 골목에 있는 건물 2층에 살았는데, 위로 3개 층이 더 있었다. 집 주변에는 작은 공원이 있었는데, 항상 고요하고 평화로웠다.

운명의 그날

그러던 어느 날 이 평화는 끝나고 말았다.

어느 날 아침 나는 진로에 대해 골똘히 생각하면서 학교로 가다가 그 끔찍한 소식을 들었다. 몸서리가 쳐질 정도였다. 독일과 전쟁을 한다는 소식이었다. 현장 교육 일정이 취소됐다. 학교 측은 우리가 졸업 학기를 마칠 수 있도록 방학을 건너뛰고 이수 과정을 단축시켰다. 내가 듣던 과목도 이 과정에 포함되어 있었다(지금 생각해보면 '4학년 프로그램'이었던 것 같다). 그렇지만 나치군이 침략했기 때문에 우리는 조국을 지켜야만 했다. 공산주의 청년 동맹인 콤소몰Komsomol은 4학년 학생들을 전방으로 보냈고, 전방에 배치된 학생들은 전쟁이 끝날 때까지 학교로 돌아오지 못했다.

…… 그리고 나는 서부 전선 전투에 참전했을 당시 한 사원에서 부상을 입었던 것으로 기억한다. 그러나 한 달 후에 전선으로 돌아갔다.

우리 군대는 이미 퇴각을 멈추고 적극적으로 공격을 퍼부으면서 조금씩 전진하고 있었다. 1943년이었다……. 서부 전방……. 스몰렌스크 전투(러시아 연방 서부 스몰렌스크 주의 주도―옮긴이). 브야즈마 근처의 보르야 강가에 주둔한 화염방사기 소대는 소총 중대와 연합하여 독일군을 공격하라는 명령을 받았다. 이 연합군은 보르야 강 맞은편 강기슭에 진을 치고 있는 독일군의 방어선을 뚫기로 되어 있었다. 연합군들은 48시간 동안 공격 명령이 떨어지기만을 기다리고 있었다. 때는 3월 초, 따뜻하고 화창했지만 축축한 날씨였다. 펠트로 된 부츠는 흠뻑 젖었고 모두들 공격을 무사히 마치기만을 간절히 바라고 있었다. 만에 하나 공격 명령이 떨어진다면 말이다……. 만약에 명령이 떨어진다면…….

나는 또다시 순찰을 돌면서 부하 한 명 한 명과 이야기를 나눴다(당시 나는 화염방사기 소대에서 지휘관을 맡고 있었다). 그리고 독일군들이 주둔하고 있던 보르야 강 맞은편 강기슭을 바라보았다. 강기슭은 바위가 많고 가팔랐지만 어떻게든 그곳을 통과해야 했다. 나는 명령이 떨어지기만 한다면 방어선을 뚫는 데 성공하리라고 생각했다.

드디어 공격 명령이 떨어졌다. 모두들 이동하기 시작했다. 1분, 적어도 2~3분 동안 무기가 철거덕거리는 소리가 들렸다. 그러다가 모든 것이 정지했다. 갑자기 모두들 걸음을 재촉하면서 얼음처럼 차가운 강물을 건너기 시작했다. 해는 지고 있었지만 여전히 밝게 빛나고 있었다. 독일군들은 숨을 죽이고 기다렸고, 두세 명은 강기슭 안쪽으로 재빨리 달아나버렸다. 독일군 쪽에서는 단 한 발의 총성도 들리지 않았다. 그 순간 독일군의 총구에서 불을 뿜기 시작했고, 사방에서 기관총 소리가 들렸다. 머리 위로 총알이 날아다녔고 나는 몸을 숙였다. 그렇지만 그곳에서 누워서 기다릴 수만은 없었다. 총알이 빗발치는 가운데 나는 차가운 강물을 헤치고 계속해서…… 서쪽으로…… 전진했다……. 그리고…….

자세츠키, 사망하다

최전방 진영에서 그리 멀지 않은 곳에서 나는 불이 환하게 켜진 한 텐트 안에 있었다.

무슨 이유 때문인지 나는 아무것도 기억해낼 수 없었고, 아무 말도 할 수 없었다. 머릿속이 텅 비어서 생각이나 기억을 전혀 떠올릴 수 없었다. 머리가 무지근하게 느껴지면서 윙윙거리는 소리가 났고 현기증도 있었다.

내가 수술대에 누웠을 때 넓적하고 통통한 얼굴을 한 남자의 모습이 이따끔 희미하게 눈에 들어왔는데, 이 남자는 안경 너머로 매서운 눈을 하고는 나를 뚫어지게 쳐다보고 있었다. 그는 의사와 간호사들에게 어떻게 처치해야 하는지 말해주었다.

새하얀 가운을 입고 머리에 두건을 두르고 마스크를 눈까지 끌어당겨 쓴 사람들이 나를 내려다보고 있었다. 수술대 위에 누워 있을 때, 몇 사람이 내가 꼼짝하지 못하도록 팔과 다리, 머리를 붙잡고 있던 것을 어렴풋이 기억한다.

내가 기억하는 것은 의사들과 간호사들이 나를 붙잡고 있었다는 것…… 내가 숨을 헐떡이면서 비명을 질렀다는 것…… 그리고 뜨끈하고 끈적끈적한 피가 귀와 목을 타고 흘러내렸고 입가에서 짠맛이 느껴졌다는 정도였다.

나는 두개골이 깨졌고, 골이 깨질 것처럼 아팠던 사실을 기억한다. 그러나 힘이 다 빠져 더 이상 비명을 지를 수 없었고, 숨만 가쁘게 내쉴 뿐이었다. 호흡이 멈췄다. 당장이라도 숨이 끊어질 것만 같았다.

그는 수술 직후의 날들을 회상하면서 이렇게 적었다.

당시 내 머릿속은 완벽하게 백지 상태였다. 잠을 자고 일어나는 것 외에는 무엇을 생각하거나 기억할 수 없었다. 나의 기억은 내 삶처럼 존재하지 않는 듯이 보였다.

처음에는 내가 누구인지, 나에게 무슨 일이 일어났는지조차 인식하지 못했으며, 한동안은 부상당한 곳이 어딘지도 몰랐다. 머리 부상은 나를 어린아이로 되돌려놓은 것 같았다.

나는 의사 한 명이 누군가에게 말하는 것을 듣곤 했다. 그러나 그를 볼 수 없었기 때문에 그에게 별다른 관심을 기울이지 않았다. 그는 갑자기 다가와서 손을 뻗어 나를 만져보면서 이렇게 묻곤 했다. "자세츠키 동무, 좀 어떠세요?" 대답할 수는 없었지만 그가 왜 그런 질문을 하는지 궁금해지기 시작했다. 의사가 몇 차례 반복해서 내 이름을 부른 후에야, 나는 비로소 '자세츠키'가 내 이름이란 사실을 깨달았다. 그때서야 "좋아요"라고 대답해야 한다는 것도 생각이 났다.

부상 직후에 나는 보고 듣고 관찰하고 반복할 줄만 알지, 스스로 생각할 줄은 모르는 갓난아이가 된 것 같았다. 그때는 그랬다. 그러다가 나는 사람들이 대화 중에 반복해서 사용하는 단어들을 듣게 되었고, 기억의 조각들이 뭉쳐서 덩어리들이 형성되었으며, 이것들을 통해 주변의 삶을 이해하고 단어의 뜻을 기억해내기 시작했다.

치료를 시작한 지 두 달이 지난 후에 레닌이 누구인지 기억해냈고, 태양, 달, 구름, 비와 같은 단어들을 이해했으며, 내 이름을 기억해냈다. 그리고 어머니와 두 명의 여동생, 참전한 지 1년 만에 실종된 형제(그는 리투아니아에 주둔 중이었다)가 한 명 있었다는 사실도 떠올렸다.

나중에, 옆 침대를 쓰던 전우가 내게 관심을 보이면서 주소를 기억해낼 수 있다면 집에 편지를 써주겠노라고 약속했다. 그렇지만 내가 어떻게 그것을 기억할 수 있겠는가? 굉장히 어려운 일이었다. 어머니와 누이들의 이름도 기억할 수 없는 판국에 집 주소를 기억해낼 가능성은 희박했다.

부상 탓에 나는 이제까지 배운 것을 모두 잊어버렸다. 모든 것을. 그래서 처음부터 다시 배워야만 했다. 어느 정도까지는 말이다. 그 후 배움은 갑작스레 성장을 멈췄으며 지금까지 답보 상태에 있다. 나는 대부분의 기억을 잃어버렸기 때문에 사물을 기억하는 것이 어렵다. 모든 기억을 잃어버렸기 때문에 처음부터 모두 다시 시작해서 어린아이의 기억력으로 사물을 파악하고 기억해내고 이해해야만 했다.

머리 부상 때문에 나는 비정상적인 사람이 되었다. 그렇다고 미친 것은 아니었다. 결코. 내가 비정상이라고 말하는 이유는 심각한 기억 상실을 겪고 있고 오랫동안 기억의 흔적을 전혀 찾을 수 없었기 때문이었다.

내 머릿속은 늘 뒤죽박죽이었다. 나는 머리가 몹시 나쁜 사람처럼 보였다. 그러나 예전에는 전혀 달랐다.

(이 시점에 쓰인 구절은 현재 시제를 사용했는데, 이는 시간이 흘렀는데도 상태가 좋아지지 않았다는 점을 감안할 때 충분히 이해할 만한 일이었다. 루리야 교수는 모순된 말을 반복해서 늘어놓는 환자의 증상을 꼼꼼하게 기록하고 있다.)

반쯤 잠에 취한 것처럼 언제나 뿌연 안개 속에 있는 것 같다. 머릿속은 하얀 도화지 같다. 단 하나의 단어도 기억할 수 없다. 머릿속에서 섬광처럼 스치고 지나가는 것은 몇 가지 형상뿐, 갑자기 나타났다 사라지고 다시금 새롭게 나타나는 희미한 환영이 전부이다. 그러나 이것들이 어떤 의미가 있는지 전혀 알 수가 없다.

내가 기억하는 것은 오로지 관련 없는 단편적인 기억뿐이다. 모든 단어와 생각에 비정상적으로 반응하고, 단어의 의미를 이해하려고 갖은 애를 쓰는 이유도 바로 이 때문이다.

이 사실을 깨닫고 있는 사람은 그뿐만이 아니었다. 자세츠키는 다른 사람들도 그것을 알고 있으며, 그가 아무짝에도 쓸모없는 사람으로 변해버렸다는 사실을 알고 있다고 확신했다. 과거에는 유능했던 한 사람의 그림자에 불과하다는 것을 그들이 알고 있다고 믿었다. 한마디로 말해 전쟁터에서 죽은 사람으로 여긴다고 확신했던 것이다.

사람들은 뇌 손상이 얼마나 엄청난 결과를 초래할 수 있는지 잘 알게 됐다. 그들은 전쟁 전의 나와 부상을 입고 난 뒤의 내가 어떤지 알고 있으며, 얼마나 다른 사람이 됐는지도 잘 알고 있다. 나는 이제 아무것도 할 수 없는, 아무짝에도 쓸모없는 인간이 되고 말았다.

나는 사람들에게 머리 부상 이후 완전히 다른 사람이 됐다는 사실과 내가 1943년 3월 2일에 죽었지만 강한 생명력 덕택에 기적처럼 살아남았다는 사실을 거듭 강조했다. 살아 있는 것처럼 보이지만, 머리 부상이라는 심리적 부담 때문에 마음의 평화를 누릴 수는 없었다. 늘 끔찍하고 불쾌한 꿈을 꾸고 있는 것 같았다. 사람이 아니라 그림자일 뿐이며, 아무짝에도 쓸모없는 존재처럼 느껴졌다.

3월 2일, 예전의 그는 '사망' 했다. 그리고 기억이 없는 상태에서 몽유병 환자처럼 살았기 때문에 자신이 살아 있다는 사실을 믿으려 들지 않았다.

이게 정말 사는 게 맞아? 혹시 꿈을 꾸고 있는 건 아닐까? 도저히 이 꿈이 깰 때까지 기다릴 수 없어. 새로 온 치료사는 내가 3년간 전쟁터에 있었고, 심각한 뇌 부상을 입어서 건강이 악화되었으며, 글을 읽고 쓰는 법을 기억할 수 없게 됐다고 말해주었다.

그렇다면 내가 꿈을 꾸고 있는 게 아니라는 뜻이다. 물론 이 모든 일이 꿈은 아니다. 꿈이라면 이렇게 길고 지루하게 계속될 리가 없다. 결국 최근 몇 년간 겪은 일이 현실이라는 의미이다. 정말 끔찍한 병이다. 나는 여전히 내가 누군지, 이전의 내가 어떤 사람이었는지, 무슨 일이 일어났는지 알지 못한다.

그러나 가끔씩 이렇게 생각한다. "이게 정말 나란 말인가? 이게 꿈일까, 생시일까?" 꿈이라고 하기에는 너무나 길다. 그리고 시간은 날아가는 화살처럼 빠르게 흐르니까 절대로 그런 일이 일어날 리는 없다. 이게 꿈이 아니라 현실이라면, 나는 왜 여전히 몸이 아픈 걸까? 왜 계속해서 머리가 깨질 것처럼 아프고 귀에서는 윙윙거리는 소리가 들리고 어지러운 것일까?

나는 뭔가 할 수 있기를 간절히 바랐으며, 사람들이 더 이상 가망이 없다고 생각하게 하고 싶지 않았다. 그래서 할 수 있는 한 최선을 다해 내가 지닌 모든 가능성을 단계적으로 조금씩 활용하고 있다.

시간은 흘러가고 있지만, 머리 부상으로 기억이 완전히 망가진 그의 고통은 사라지지 않았다. 당시 그는 최전선에서 멀리 떨어진 곳에 있었지만, 그가 이송된 병원들은 최전선을 따라 이동했다. (당시 최전선 도시였던) 모스크바 병원에서 작은 도시의 병원들까지 말이다. 그가 이송됐던 한 병원은 그가 다녔던 학교였다. 그는 한때 교실이었던 크고 깨끗한 방들을 기억했으며, 많은 사람들이 그에게 다가와서 상태가 어떤지 물었다. 그 후에도 그는 여러 차례 병원을 옮겼다. 나중에는 오랜 시간 기차를 타고 가기도 했는데, 정거장마다 새로운 부상병들이 기차에 올랐다. 마침내 그는 우랄 산맥에 있는 한 재활병원에 도착했다.

세상이 변하다

마침내 그는 전쟁터의 총성에서 벗어나 사랑스럽고 평화로운 곳
에 안착했다. 이 병원에는 비슷한 부상을 입은 군인 수백 명이 입
원해 있었다. 그는 이곳을 아주 잘 기억했으며, 놀라우리만치 정
확하게 그곳을 묘사했다.

시선이 닿는 곳마다 멋진 경치가 펼쳐지고 있었다. 한쪽에는 상록
수에 둘러싸인 큰 호수가 하나 있었고, 그 옆에 이것보다 훨씬 큰
호수가 있었으며, 세 번째 호수도 있었다. 머리 위에는 파란 하늘
이 펼쳐져 있었고 태양은 눈부실 정도로 밝게 빛났다.

그는 병원으로 이송된 과정도 생생하게 기억해냈다.

스테이션왜건이 흔들릴 때마다 상처 입은 부위도 함께 흔들리는
것 같았다. 무슨 이유에서인지 차는 한동안 한곳을 빙빙 돌았던

것 같다……. 이곳에는 호수가 하나 더 있었고, 건너편에는 3층 짜리 큰 건물이 있었으며, 근처에는 다른 건물들도 있다. 그 건물들은 모두 숲속에 있다. 시동이 꺼지고, 마침내 병원에 도착했다.

재활병원에 도착했을 무렵, 그는 머리의 붕대를 풀었다. 겉으로는 상처가 아문 것처럼 보였다.

나는 아직도 어린아이처럼 한 음절씩 읽어야만 한다. 여전히 기억 상실증을 앓고 있으며 낱말이나 의미를 기억해낼 수 없다. '실어 증'에서 벗어나지 못하고 있으며, 과거의 기억, 그러니까 예전에는 할 줄 알았던 것과 알고 있던 것들을 기억하지 못한다.

　두 가지 생각이 머릿속에서 끊임없이 맴돌았다. 스스로에게 내 인생은 이제 끝났다고, 죽을 때까지 쓸모없는 인간으로 남아 있을 것이라고 되뇌었다. 삶을 마감할 날이 얼마 남지 않은 것 같기는 하다. 마음 한켠에서는 꼭 살아야 한다는 목소리가 고집스럽게 들려왔다. 시간이 모든 것을 해결해주리라고. 어쩌면 내게 필요한 것은 좋은 약과 충분한 시간일 뿐이라는 외침이 들리는 것만 같았다.

그는 훗날 이런 모순된 생각을 떠올리면서 이렇게 적었다.

나의 삶에 대해 곰곰이 생각하다가 속으로 이런 말을 되뇌곤 했다. "누가 이런 삶을 원할까?" 뿐만 아니라, 이 끝없는 의구심 때문에 상황은 더욱 나빠졌다. 나는 끔찍한 머리 부상으로 고통을 겪어야 하는 사실을 인정하지 못했고, 분명 꿈이라며 고집을 부렸다. 기분 나쁘게도, 시간은 날아가는 화살처럼 정말 빨리 흘렀다.

마술에 걸린 것 같았다. 도저히 깨어날 것 같지 않은 악몽 속에서 길을 잃고 헤매는 듯했다. 눈에 보이는 무엇도 아무 의미가 없었다. 머리 부상과 그것이 내 삶에 무슨 짓을 했는지를 생각하면 몸서리가 쳐지곤 했다. 정말 이런 일이 일어날 수 있는가? 비참한 내 삶이 끝날 때까지 계속 이렇게 살아야 하는 것일까?

그는 여전히 자연에 민감했지만 인식하는 모든 것이 변해버린 것만 같았고 이해할 수 없는 것처럼 보였다.

부상을 당한 이후 나는 주변에서 일어나는 일을 이해하고 파악하는 데 어려움을 겪고 있다. 뿐만 아니라 사물(물체, 현상, 나무, 동물, 새, 사람)을 보거나 마음속으로 떠올리면, 이름이 곧바로 생각나지 않는다. 반대로 소리나 단어를 들어도 그것이 무엇을 의미하는지 곧바로 떠오르지 않는다.

이러한 어려움들은 무슨 의미일까? 왜 그의 세계는 파괴되었고 모든 것이 변해 보이며 이해하기 어려운 것일까?

루리야,
자세츠키를 만나다

나는 1943년 5월 말쯤에 그를 처음 만났다. 그가 부상을 당한 지 석 달쯤 되는 무렵이었다. 나는 그의 상태를 주의 깊게 관찰하기 위해 26년간 주기적으로 그를 만났다(대체로 1주일마다 그를 찾아 갔지만 때로는 1주일이 넘는 경우도 있었다). 시간이 흐르면서 우정이 싹트기 시작했고, 나는 그가 손상된 뇌 기능을 회복하기 위해서(단순히 존재하기 위해서가 아니라 인간답게 살기 위해서) 포기하지 않고 노력하는 모습을 옆에서 지켜볼 수 있었다.

처음 재활병원에 있는 사무실로 그가 들어왔을 때, 상당히 앳돼 보인다는 인상을 받았다. 그는 앳된 소년처럼 보였는데 머리를 어색하게 옆으로 기울인 채 알쏭달쏭한 미소를 띠고 나를 바라봤다(나중에 안 사실이지만, 그는 부상으로 오른쪽 시력을 잃었기 때문에 고개를 기울여야만 사물을 볼 수 있었다).

그에게 몸 상태가 어떠냐고 물었더니 그는 잠시 머뭇거리다가 수줍어하면서 "괜찮습니다"라고 대답했다. 그러나 언제 다쳤느냐고 물었더니 그는 힘들어했다.

"음, 그러니까…… 그게 아주 오래전 일이라서……. 2, 3……
어, 단어가 뭐더라?"

"고향은 어딘가요?"

"집에서…… 음…… 나는 글씨를 쓰고 싶지만…… 그럴 수가
없습니다."

"친척은 있나요?"

"그러니까…… 우리 어머니는…… 그리고…… 그들을 뭐라고
부르죠?"

그는 처음에는 내 질문을 이해하지 못했고, 질문을 이해하고도
대답은 하지 못했다. 대답할 만한 단어를 기억해내는 데 엄청난
노력을 기울여야 했다. 내가 그에게 부탁했다.

"이 페이지를 한번 읽어봐요."

"이건 뭐죠? 모, 모르겠어요. 모, 몰라요. 이건 뭐죠?"

그는 책을 왼쪽 눈앞에 들이대고는 그 페이지를 찬찬히 살펴보
더니, 잠시 후 그것을 좀 더 옆으로 움직이면서 글자 하나하나를
조심스럽게 살펴봤다.

"모르겠어요!"

"됐어요. 그럼 이름이랑 고향이 어딘지 써봐요."

이 주문에도 필사적인 노력을 기울여야 했다. 그는 우스꽝스럽
게 연필을 집어든 다음(처음에는 연필을 거꾸로 잡았다) 손으로 더

듬어서 종이를 찾았다. 그러나 그는 단 한 글자도 쓸 수 없었다. 그는 기억을 잃어버렸고 갑자기 글을 쓰지도, 읽지도 못하게 되었다는 사실을 알게 됐다.

나는 6 더하기 7처럼 간단한 숫자 계산을 해보는 것이 어떠냐고 물었다.

"7……6…… 뭐더라? 잘 모르겠어요. 아무것도."

"그럼 이 그림을 보고 뭐가 보이는지 말해봐요. 이건 〈휴게소의 사냥꾼들Hunters at a Resting Place〉이라는 그림이에요."

"여기 그가 앉아 있고…… 여기 이 사람은…… 음……. 그리고 이 사람은…… 모르겠어요. 분명 거기 뭔가 있지만…… 그걸 뭐라고 부르죠?"

그래서 나는 그에게 오른손을 들어보라고 말했다.

"오른쪽이요? 오른쪽? 왼쪽? 그것도 잘 모르겠어요. 그런데 어느 쪽이 왼쪽이죠? 오른쪽이란 게 무슨 뜻인가요? 왼쪽은 또 뭔가요? 모르겠습니다."

그는 내 질문에 대답하기 위해 필사적으로 노력했지만 안타깝게도 매번 실패하고 말았다.

"자, 그럼, 전쟁터와 관련해서 기억나는 게 있으면 말해보시겠습니까?"

"당시 우리는 상황이 아주 나빴습니다. 퇴각한다면…… 우린 모든 걸 잃게 됩니다. 그래서 전 결심했어요. 만약 상황이 그렇다면…… 난 들었어요. 얼마나 많이? 5…… 하지만 병원 밖으로 나가서…… 그런 다음 공격을 했어요. 그건 아주 생생하게 기억이 나요. 그러곤 부상을 당했어요. 이게 전부입니다."

그는 여전히 생생한 기억을 묘사하는 일을 고통스러워했다. 어떤 단어로 말을 시작해야 할지도 몰랐다. 나는 그에게 그때가 몇 월인지 기억하느냐고 물었다.

"지금요? 그 단어가 뭐더라? 그러니까 그게…… 5월…… 5월이었어요!"

그가 웃었다. 마침내 알맞은 단어를 기억해냈다. 내가 그에게 열두 달의 명칭을 말해보라고 하자, 그는 비교적 수월하게 대답하고는 이내 안도의 한숨을 쉬었다. 그러나 거꾸로 말해보라고 하자 굉장히 어려워했다.

"9월 전엔 몇 월이죠?"

"9월 앞에요? 단어가 뭐더라? 9월? 10월인가? 아냐, 그건 아냐. 생각이 안 나요."

"겨울 전이 무슨 계절인가요?"

"겨울 전이요? 겨울 다음이요? 여름인가? 뭐지? 모르겠습니다."

"봄 이전에는 뭐가 있죠?"

"지금이 보…… 오…… 옴이니까. 그리고 그전엔…… 다 까먹었어요. 기, 기억이 안 나요."

기억해내기 위해 필사적으로 시도하는 것이 무슨 의미가 있을까?
그는 자연에 굉장히 예민하게 반응했다. 그는 평화롭고 조용한 주
변 환경을 매우 좋아했고, 새 울음소리에 골똘히 귀 기울였으며,
바람 한 점 없는 날 호수 표면이 얼마나 잔잔한지도 알고 있었다.
한편 그는 질문에 답하기 위해 필사적으로 노력했다. 그러나 답을
말하지 못할 때마다 그의 상실감은 더욱 커질 뿐이었다.

　그는 1년 열두 달의 명칭을 어렵지 않게 말할 수 있었다. 그렇
다면 9월 이전에는 무엇인지 말하지 못하고, 오른손과 왼손을 구
분하지 못하는 이유는 무엇일까? 왜 간단한 덧셈도 못하고, 글자
도 읽을 줄 모르며, 쉬운 단어를 쓰지도, 기억하지도 못하고 간단
한 그림을 설명할 수도 없는 것일까? 이런 능력은 없어지고 의지,
욕구, 예민함만은 그대로 남아서 실패와 좌절은 인식할 수 있게
만든 뇌 부상은 도대체 어떤 종류의 것일까?

23세의 자세츠키 중위는 1943년 3월 2일, 두개골 좌측 두정 후두부에 머리 부상을 입었다. 머리 부상으로 장기간 혼수상태에 빠져 있었으며, 야전병원에서 신속하게 응급 처치를 했는데도 주변 조직이 눈에 띄게 변하고 두개골이 뇌막에 유착되는 합병증에 시달렸다. 반흔 조직이 형성되면서 외측 내실을 위로 끌어올렸고, 이 부분의 수질이 초기에 위축되면서 외측 내실의 모습이 변형됐다.

이러한 데이터를 바탕으로 몇 가지 걱정스러운 결론이 나왔다. 총알이 뇌의 두정 후두부에 박혀 있어 이 부분의 조직을 손상시켰으며, 합병증인 염증으로 부상은 더욱 악화됐다. 광범위한 부상이 아니라 부상 부위에 인접한 부위에 국한된 것이었지만, 그것은 좌반구 두정 후두부에 돌이킬 수 없는 손상을 주었으며, 반흔 조직이 생기면서 어쩔 수 없이 수질이 줄어들었고 시간이 가면서 더욱 위축됐다.

뇌의 이 부분이 점진적으로 위축되는 증상을 앓는 사람들은 끔

찍한 운명을 맞게 된다. 이 경우에는 어떤 증상이 나타났으며, 앞

으로 어떤 증상이 나타날 것인가? 이 남자가 당한 부상으로 앞의

증상들을 어떻게 설명할 수 있을까?

루리야의 노트
자세츠키는 어디를 다친 걸까?

지금부터 머리에서 뇌를 꺼내 유리 컵 위에 올려놓았다고 가정해보자. 눈앞에 있는 것은 깊은 골과 주름으로 뒤덮인 납빛 덩어리이다. 이 덩어리는 두껍고 딱딱한 인대로 연결된 좌반구와 우반구로 이루어져 있다. 겉으로 볼 때 대뇌피질의 빛깔은 완전히 회색이다. 대뇌피질의 두께는 4~5밀리미터 미만이지만 수많은 신경세포로 이루어져 있으며, 이 세포들은 복잡한 심리적 처리 과정에 필요한 물질적 기초가 된다.

대뇌피질의 바깥쪽은 안쪽보다 뒤늦게 형성된다. 얇은 피질 바로 밑에는 백질이 있는데, 긴밀하게 연결된 수많은 섬유질로 이루어져 있다. 이 섬유질은 피질의 분리된 부분들을 결합하고, 말초에서 일어난 자극을 피질에 전달하며, 이것을 다시 말초로 보내는 역할을 한다. 훨씬 깊은 곳에서는 뇌의 피질하 핵을 형성하는 회색질이 추가로 발견된다. 이 영역은 말초에서 전달된 자극이 끝나고 초기 프로세스를 수행하는 정거장의 역할을 한다.

뇌는 한결같고 단조로워 보이지만, 인간이 고도로 진화했음을 보여주는 결과물이다. 뇌는 정보를 처리하고 보관하며 행동 프로그램을 수립하고 행동을 조절한다.

인류는 최근에 들어서야 뇌의 구조와 기능 조직에 대해 알게 됐다. 교과서에서도 뇌에 관해 정확한 정보를 얻기 어려웠다. 이러한 책들은 모호한 가정과 공상으로 가득 차 있었으며, 뇌의 해부도는 중세 지리학자가 그린 세계지도보다도 엉성했다.

I. M. 세체노프, 파블로프, 모나코프, 골드스타인과 같은 저명한 학자들과 인간의 뇌를 끊임없이 연구한 사람들의 노력 덕분에, 인류는 인간의 뇌에 대해 지금처럼 많은 지식을 보유할 수 있게 됐다. 과학적으로 뇌에 대한 인식은 초보적인 단계에 불과하지만, 과거의 모호하게 추측하거나 확인하지 않고 가정했던 수준에서 벗어나 현재까지 놀라운 성장을 거듭하고 있다. 엄밀히 말해 이러한 정보가 존재하기 때문에 이 환자의 증상을 면밀하게 분석하는 것도 가능하다.

뇌를 보면 한결같고 단조로운 회색질이라는 인상을 받게 된다. 그러나 이러한 모습과는 달리 뇌는 상상하기 어려울 정도로 복잡하고 다양하게 분화되어 있다. 회색의 뇌는 무수히 많은 신경세포, 즉 뇌 활동의 기본 단위인 뉴런으로 이루어져 있다. 일부 과학자들은 뇌가 약 140억 개의 뉴런으로 이루어져 있다고 추정하지만, 그 이상이라고 주장하는 과학자들도 있다. 무엇보다도 중요한 것은 이러한 뉴런이 엄격한 조직 패턴을 갖고 있으며, 개별 영역인 블록block의 기능은 저마다 다르다.

지금부터는 뇌의 복잡성을 고려해서 뇌에서 가장 중요한 세 부분만을 살펴보기로 하자.

그 첫 번째 블록은 '활력 조절' 구역이라고 불리는 곳이다. 그것은 뇌의 아랫부분, 뇌간 윗부분과 모든 생명 활동의 출발점이 되는 망상형성체 안에 있다.

고대인들은 뇌의 깊숙한 곳에 위치하고 있는 이 구조의 일부를 시상optic thalamus이라고 불렀지만, 시각 처리와는 관련이 없다. 이 부분은 유기체의 신진대사 기능이나 감각기관이 흥분해서 생긴 충동을 처리하는 임시 정거장 같은 역할을 한다.

대뇌피질에 이러한 충동이 전달되어 긴장과 활력을 정상적으로 유지할 수 있다. 이것이 중단되면, 대뇌피질은 긴장과 활력을 잃고 반최면 상태에 빠지며 잠이 들게 된다. 이러한 메커니즘은 전원이 전기 장치에 전류를 공급하듯 뇌에 활력을 공급한다. 따라서 이 환자가 멀쩡한 정신에 전반적으로 활동적일 수 있는 이유는 이 활력 구조가 손상되지 않았기 때문이다.

두 번째 중요한 블록은 대뇌의 뒤쪽에 위치하고 있으며 가장 중요한 기능을 수행한다. 이 남성 환자는 부상으로 이 부분의 일부가 손상됐기 때문에, 이 부분을 상세히 살펴보기로 하겠다.

이 블록은 대뇌피질의 활력을 유지하는 것이 아니라 외부 세계

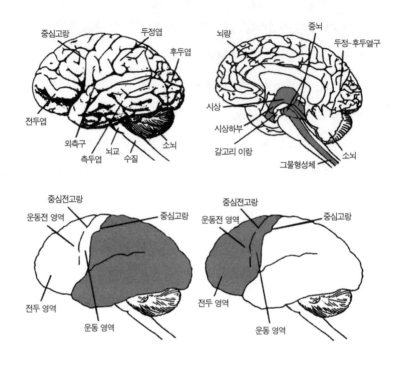

그림 1 뇌의 각 영역

위쪽 왼편의 그림은 뇌의 해부도이다. 다른 그림은 행동 조직에 관련된 세 블록을 보여준다. 첫 번째 블록(위쪽 오른편)은 뇌간과 피질을 포함하며, 각성과 자극에 대한 반응을 조절한다. 두 번째 블록(아래쪽 왼편)은 정보의 분석, 기호화와 저장에 중요한 역할을 한다. 세 번째 블록(아래쪽 오른편)은 의지와 프로그램을 형성한다.

에서 얻은 정보를 받아서 처리하고 보관한다. 인간은 친숙한 것과 그렇지 않은 것을 포함하여 수많은 물체를 인식한다. 주변 환경으로부터 수많은 신호를 인식하면, 이러한 자극들이 눈의 망막에서 만들어낸 영상은 미세한 신경 섬유질을 타고 시각 영역인 대뇌피질의 후두부로 전달된다. 이때 시각적인 이미지는 수만 개의 조각으로 분해된다. 이는 후두부 대뇌피질의 신경세포들이 고도로 전문화된 기능을 수행할 수 있기 때문이다. 어떤 신경세포들은 색의 미세한 명암 변화를 구분할 수 있으며, 또 다른 세포들은 부드럽고 둥근 선이나 각이 있는 선에만 반응을 보인다. 또한 주변에서 중앙으로 혹은 중앙에서 주변으로 움직일 때만 반응하는 세포들도 있다. 대뇌피질의 이 영역은 '1차 시각 영역'이라고 하며, 후두부의 가장 뒷부분에 위치하고 있다. 1차 시각 영역은 외부 세계의 이미지들을 수백만 개의 조각으로 분해하는 놀라운 실험실이다. 이 환자의 경우, 이 영역도 손상을 입지 않았다.

이 영역 근처에 또 다른 후두부 영역이 있다. 전문가들은 이 영역을 '2차 시각피질secondary visual cortex'이라고 부른다. 2차 시각피질은 별처럼 짧게 갈라진 작은 신경세포들로 이루어져 있다(이러한 이유로 이 세포들은 성상세포라고 한다). 대뇌피질 위쪽에 퍼져 있는 이 신경세포들은 1차 시각피질에서 전달된 자극을 완벽하고 난해한 집합체, 즉 역동적인 패턴으로 결합한다. 그리고 인식한 물체의 개별적인 특징들을 완벽하고 다양한 구조로 전환시

킨다.

1차 시각피질에 전기 충격을 가하면(뇌 수술 중 전기 충격이 가해질 수 있으며, 고통은 전혀 없다), 사람의 눈앞에 강렬한 점이나 원, 불꽃이 나타난다. 그러나 '2차 시각피질'의 한 부분에 전기 충격을 가하면 복잡한 문양이나 흔들리는 나무, 뛰어다니는 다람쥐, 손을 흔들며 다가오는 친구와 같이 완벽한 물체가 보이기도 한다. 시각피질의 이 영역에 자극을 가하면 과거의 기억이 생생하게 떠오르는 것으로 알려졌다. 뇌의 이 부분은 정보를 처리하고 보관하는 장치로, 여러 나라의 수많은 과학자들(독일의 포스터, 오스트리아의 포츨, 캐나다의 펜필드) 덕택에 뇌 활동에 관해 새롭고 놀라운 사실을 알게 되었다.

이렇게 복잡한 기능을 수행한다는 점을 감안할 때, 대뇌피질의 이 영역이 손상된다면 어떻게 될지 충분히 상상할 수 있다. 반구의 1차 시각피질이나 시각 자극을 전달하는 신경섬유질 다발(신경섬유질은 대뇌피질 안에 정교한 부채꼴을 형성하는데 이를 시각방사optic radiation라고 부른다)이 파괴되면 시야가 일부 손상된다. 1차 시각피질이나 왼쪽 반구의 섬유질이 파괴될 경우, 오른쪽 시야를 절반이나 잃게 된다. 반면 오른쪽 반구의 같은 부위가 손상되면 왼쪽 시야를 절반이나 잃는다. 의사들은 시야의 절반을 잃는다는 의미에서 '반맹'이라는 어색한 용어로 이러한 증상을 설명하고 있다. 반맹 증상은 어느 쪽 피질이 파괴됐는지를 정확하게 알 수 있는 증거이다.

2차 시각피질이 손상된 경우 나타나는 증상은 훨씬 특이하다. 폭탄 파편이 후두부 전방(2차 시각피질의 일부)을 손상시켜도 물체를 명확하게 볼 수 있다. 그러나 작은 성상세포들은 더 이상 기능을 하지 않는다. 그런데 성상세포들은 인식한 사물의 개별적인 특징을 하나의 물체로 통합하는 역할을 하기 때문에, 성상세포의 기능이 멈춰진 환자는 시력이 급격히 변화한다. 환자는 사물의 개별적인 부분을 구별하는 것은 가능하지만, 그 특징들을 완전한 이미지로 통합할 수는 없다. 아시리아의 설형문자를 해독하려는 고고학자처럼 개별적인 부분을 통해 전체적인 이미지를 추측할 수밖에 없다.

이러한 증상을 겪고 있는 사람에게 안경을 찍은 사진을 보여준다고 가정해보자. 과연 그는 사진 속에서 무엇을 볼까? 그는 원 하나와 또 다른 원, 여기에 가로대 하나와 지팡이처럼 생긴 두 개의 부착물을 인식할 것이다. 그러면 그는 그것이 자전거라고 확신할 것이다. 이런 환자들은 개별적인 특징은 구분할 수 있어도 그 사물이 무엇인지 정확하게 인식하지는 못한다. 의사들은 이렇게 설명하기 힘든 증상을 시각 실인증optical agnosia이라고 부르는데, 이는 시각 자극의 의미를 인식하지 못한다는 뜻이다.

그러나 인식은 위에서 말한 것 이외에도 다른 요소들의 영향을 받는다. 인간은 사물 하나가 아니라, 사물 간의 복잡한 관계와 교류를 인식하고 공간 안에서 사물이 놓인 위치를 인식한다. 예를 들어, 공책은 테이블 오른쪽에, 잉크병은 왼쪽에 있다거나 누군가의 방에 가기 위해서는 복도 모퉁이에서 왼쪽으로 돌아 오른쪽으로 가야 한다는 식으로 사물의 위치를 인식하게 된다. 사물은 공간이라는 전체 시스템 내에 배열되어 있으므로, 그 위치를 즉시 알 수 있는 것이다.

상황을 이해하고 공간적인 관계를 가늠할 수 있는 능력은 사람의 형체나 사물을 인식하는 것보다 훨씬 복잡한 능력을 필요로 한다. 이때 눈뿐만 아니라 운동 경험도 중요한 역할을 담당한다(즉, 오른손으로 공책을 잡고 잉크병을 집기 위해 왼손을 뻗을 수 있다). 공간 내에서 사물의 위치를 파악하는 능력은 귀에 있는 '전정기관vestibular mechanism'이라는 특별한 기관의 도움을 받게 된다. 이 기관은 3차원의 공간을 가늠하는 데 매우 중요한 균형 감각을 유지해준다. 눈동자의 움직임 또한 이 기능과 밀접한 관련이 있다. 눈동자를 움직여서 한눈에 물체와 물체 사이의 간격을 가늠하고 물체 간의 상호관계를 판단할 수 있다. 이렇게 다양한 시스템을 조직적이고 통합적으로 움직이는 것은 개별적이고 연속적인 이미지들을 즉시 하나의 완전한 틀로 재분류하는 데 반드시 필요하다.

좀 더 복잡한 대뇌피질의 다른 영역들도 공간 관계를 즉각적으로 인식하는 데 영향을 미친다. 이 영역들은 후두부, 정수리, 측두 부위 근처에 있으며, 피질에서 3차 인식기관을 구성한다(이것을

'인지 영역gnostic part'이라고 한다). 이 영역은 뇌의 시각, 촉각 운동, 청각-전정 영역을 결합하는 기능을 수행한다. 또한 뇌의 2차 영역에서 가장 복잡한 구조를 갖고 있다. 이 영역들은 뇌가 진화하는 과정에서 가장 나중에 형성되는 부분으로, 오로지 인간의 뇌에서만 이 부분이 활기를 띤다. 이 영역은 유아기에는 완전하게 형성되지 않고 서서히 완성되며, 4~7세가 되면 실질적인 기능을 수행할 수 있다. 쉽게 손상될 수 있는 부위이므로 아주 조금만 다쳐도 기능이 마비된다. 또한 고도로 복잡한 연합 세포들로 이루어져 있기 때문에 전문가들은 뇌의 시각, 촉각 운동, 청각-전정기관의 '수렴 구역'이라고 부른다.

이 환자의 뇌에서 총알 파편에 의해 손상된 부위가 바로 대뇌피질의 3차 영역이었다. 그러므로 대뇌피질에서 이 영역이 손상됐을 때(총알 파편 혹은 출혈이나 염증에 의한 손상) 어떤 증상이 나타나는지를 고려해야 한다.

환자의 시력은 비교적 손상을 입지 않았다. 그러나 총알이 시각방사 섬유질을 일부 파괴하여 눈의 망막에 맹점이 생기고 시야가 완전히 사라지거나 약해졌다. 환자는 계속해서 분리된 사물을 인식하고(시각피질의 2차 영역이 손상되지 않았기 때문에), 촉각 및 청각 기능을 유지하며, 말소리를 구별할 수 있다. 그렇지만 매우 중요한 기능이 손상됐기 때문에 환자는 인식한 시각 정보를 하나의 완벽한 이미지로 즉시 결합하지 못한다. 따라서 그는 주변

세계를 따로따로 분리해서 인식할 수밖에 없다.

그는 자신의 몸을 인식하고 팔과 다리를 구분할 수 있지만, 오른팔과 왼팔은 분간하지 못한다. 그러려면 전체 공간좌표 시스템에서 팔의 위치를 파악하고 오른쪽과 왼쪽을 분간할 수 있어야 한다. 그가 침대를 정리한다고 가정해보자. 과연 침대보를 세로로 정리할까, 가로로 정리할까? 잠옷을 입으려고 한다면 오른쪽 소매와 왼쪽 소매를 구분할 수 있을까? 또는 시곗바늘이 몇 시를 가리키는지 어떻게 이해할 수 있을까? 숫자 3과 9는 오른쪽, 왼쪽에 있다는 것만 빼면 정확히 평행선에 있다. 그러나 뇌 손상을 입은 사람이 어떻게 오른쪽과 왼쪽을 구분할 수 있겠는가? 간단히 말해서 그가 취하는 모든 행동이 매우 복잡해진다.

산산이 조각난 세상에서 직면한 어려움은 위에서 언급한 것에 그치지 않는다. 좌반구의 두정부-후두-측두 피질의 3차 영역들은 가장 중요한 심리적 기능 중 하나인 언어와 복잡하게 연결되어 있다.

100년 전, 프랑스 해부학자 폴 브로카Paul Broca는 좌반구 하전두이랑의 뒤쪽이 손상되면 어휘의 운동 이미지가 해체되어 말하는 능력이 저하된다는 사실을 발견했다. 몇 년 뒤에는 독일의 정신과 의사인 베르니케C. Wernicke가 오른손잡이의 좌반구 상측두 영역의 뒤쪽이 손상되면 말소리를 구분하고 이해하는 능력이 떨어진다는 사실을 밝혀냈다.

오른손을 사용하는 사람에게 오른손은 평생 중요한 역할을 한다. 그러나 오른손과 가장 복잡한 활동 중 하나인 언어를 통제하는 것은 좌반구이다. 언어는 의사소통의 수단일 뿐 아니라 인식이라는 과정 전반에 걸쳐 매우 중요한 역할을 담당한다. 우리는 사물과 그 위치(오른쪽, 왼쪽, 뒤쪽, 앞쪽 등등)를 지정하기 위해 단어를 사용한다. 그리고 문법 구조를 통해 관계와 생각을 표현한다. 사소하고 간단한 언어도 인식하는 데 매우 중요한 역할을 한다. 우리는 언어를 활용해서 숫자를 지정하고, 수학 연산을 수행하며, 인식을 분석하고, 반드시 필요한 것과 그렇지 않은 것을 구분하며, 개별적인 기억을 범주화한다.

언어는 의사소통의 수단이면서 인식과 기억, 사고와 행동에 근간이 된다. 내면의 삶을 형성하는 것이다.

좌반구 피질의 3차 영역이 파괴될 경우 앞서 설명했던 것보다 훨씬 심각한 결과가 나타나는 것은 아닐까? 이런 부상을 입은 환자는 내면세계가 산산이 조각난다. 생각을 표현하는 데 필요한 단어를 떠올릴 수도 없다. 또한 문법 관계를 너무도 어렵다고 느끼게 된다. 뿐만 아니라 학교에서 배웠던 기술을 어떻게 사용해야 하는지도 까맣게 잊어버린다. 과거에 알고 있던 지식은 개별적이고 연관성 없는 정보로 분리된다. 겉으로 보이는 삶은 변화가 없어 보이지만, 사실은 엄청난 변화를 겪는다. 뇌의 일부분이 손상되었기 때문에 그의 세계는 끝없이 연결된 미로가 되고 말았다.

뇌의 일부분이 손상됐다고 한 인간의 삶이 완전히 파괴될 수 있을까 의아해하는 사람들도 있을지 모른다. 그러나 그렇게 되면 인간 고유의 기능을 잃게 되고 현재도 미래도 없으며 아무짝에도 쓸모없는 인간으로 전락할 수 있다.

이 부분은 뇌 앞부분에 위치하고 있으며 전두엽을 포함한다. 이 영역은 대뇌피질의 활동에는 영향을 미치지 않는다. 또한 물리적 세계에서 들어오는 정보를 받아서 처리하거나 보관하지 않는다. 이 영역은 2차 영역의 메커니즘만으로 외부 세계와 연결되어 있으며, 1차 영역은 대뇌피질의 활동력이 충분하게 유지될 때에만 효과적으로 기능한다. 무엇보다도 3차 영역의 기능이 중요하다. 3차 영역은 뜻을 세우고 행동 계획을 수립하여 실천하게끔 매우 강력한 영향력을 행사하는 곳이다.

나는 이미 다른 책에서 이 영역을 다뤄본 적이 있기 때문에, 여기서 확인하려는 것은 단 한 가지뿐이다. 그것은 뇌의 앞부분(전두엽 포함)이 손상됐을 경우 앞서 말한 것과 완전히 다른 증상이 나타나는가 하는 것이다. 뇌 앞부분이 손상됐다고 하더라도 학습하고 인지하고 기억하는 능력이 떨어지지는 않는다. 삶은 비참하겠지만 그의 세계는 그대로 남아 있다. 그는 미래를 계획하거나 어떤 행동을 할지 판단할 수 없다. 외부에서 들어온 신호에만 반응할 뿐 행동을 조절할 수 있는 상징으로 전환할 수는 없다. 무엇이 부족한지 판단할 능력이 없기 때문에 보완할 수도 없다. 또한 한 시간 혹은 하루 뒤는 물론, 지금 무엇을 할 것인지에 대해 생각할 수도 없다. 과거는 그대로 남아 있지만 미래의 가능성은 완전히 사라졌으며, 인간을 인간답게 만드는 것을 상실하고 말았다.

이 환자의 경우에 전두피질, 즉 3차 영역의 메커니즘들이 손상을 입지 않았더라면, 결함을 인식하고 극복할 수 있으리라는 희망을 품을 수 있다. 그는 인간답다는 것이 어떤 것인지 정확히 인식하고 있었으며, 자신의 능력이 허락하는 한 최선을 다해 이 문제를 극복하기 위해 노력했다. 끔찍한 고통을 겪고 그의 세계는 완전히 무너졌지만, 내면에는 한 인간으로서 강한 자의식이 자리 잡고 있었다. 또한 자신이 잃어버린 것을 되찾아 흔들린 삶을 다시 일으키고 자신이 소유했던 능력들을 되찾기 위해 필사적으로 노력했다.

　내 상황이 얼마나 비참하고 한심한지 깨닫는 일은 슬프고 견디기 힘든 일이었다. 나는 글을 읽을 줄도 쓸 줄도 모르게 되었고, 몸은 몹시 아프며, 과거는 기억할 수도 없다. 그래서 다시 한 번 이 끔찍한 고통에서 벗어날 수 있다는 실낱 같은 희망을 되살리려 안간힘을 쓰고 있다. 나는 두통과 현기증을 극복하고 시력과 청력을 회복해서 예전에 알았던 것들을 기억해낼 수 있을 것이라고 상상하기 시작했다.

　물론 사람들은 실제로 내 상황이 어떤지 잘 모르고, 현재의 상태에 이르기까지 내가 얼마나 엄청나게 노력했는지 이해하지 못할 것이다. 그러나 내가 가망 없는 패배자가 아니라는 사실을 사람들에게 증명할 수 있다. 내게 필요한 것은 다시 기억하고 말하는 법을 배우고, 부상을 당하기 전에 알고 있던 기억을 활용하는 일이다. 기억 상실이라는 끔찍한 것이 때때로 발목을 잡았지만, 인생을 다시 설계할 수 있다는 희망을 버리지 않았다. 그래서 사람들이 나를 가망 없는 인간으로 생각하게 하고 싶지 않다. 나는 꿈의 조각조각을 기억해내려 애쓰고 있으며, 조금씩이나마 할 수 있는 일을 하려고 노력하고 있다.

　나는 무슨 일이든 할 수 있으며, 무엇으로든 조국에 이바지할 수 있다는 희망을 버리지 않았다. 나는…… 믿는다.

자세츠키,
도대체 무엇이 문제일까?

지금부터는 그가 부상을 당한 후 처음 몇 주간의 기억을 기록한 일기를 소개하려고 한다. 당시의 기억을 통해 무엇을 알 수 있을까? 남아 있는 기억들을 끼워 맞출 수 없을 정도로 그의 세계는 철저히 붕괴된 것일까?

　눈을 떴을 때 그는 병원 침대에 누워 있었고, 여러 명이 허리를 굽혀 그를 들여다보고 있었다. 얼마 후, 사람들이 그에게 기분이 어떤지 물었던 사실을 기억해냈다. 부상당하고 나서 세상과 처음으로 마주한 후, 그의 삶은 끔찍할 정도로 힘들어졌다. 그는 일기에 그동안 겪었던 어려움들을 꼼꼼히 써놓았다. 그가 쓴 일기를 살펴보자.

반만 보다

그가 한 번도 경험해본 적 없는 일이 일어났다. 우선 그는 사물을 인식할 수 없었다. 그의 세계는 작은 조각들로 분해됐으며, 이 때문에 물체를 완벽한 형태로 구성할 수 없었다. 그는 물체의 오른쪽을 볼 수 없었다. 형태를 알아본다 해도 희미한 여백에 불과했다. 그는 물체의 완벽한 형태를 인식할 수 없었기 때문에 조각들을 조합하고 그것의 의미를 유추해내기 위해 노력해야 했다.

나는 부상을 당한 이후 물체를 온전하게 볼 수 없었다. 단 하나도. 지금까지도 사물, 현상, 생명체의 많은 부분을 상상으로 채워 넣어야 한다. 다시 말해, 나는 사물을 살피고 만지고 이미지를 만든 다음, 마음속으로 그려본 후 완벽하게 기억해내려고 애쓴다. 작은 잉크병 하나도 완벽한 형상으로 인식할 수 없다. 물론 기억이 나는 것들도 있지만 대부분의 물건, 현상, 생명체의 모습을 잊어버렸고, 부상당하기 전과는 상당히 다른 모습으로 보고 상상한다.

지금도 나는 물체나 사람을 완벽한 형상으로 보는 것이 아니라 일부만을 볼 수 있다. 예를 들면, 숟가락의 왼쪽 끝만 볼 수 있다는 사실을 깨닫고 굉장히 놀랐다. 온전한 숟가락이 아니라 숟가락 끝만 볼 수 있는 이유를 알지 못한다. 이런 일이 처음 일어났을 때, 그것은 괴상한 공간처럼 보였다. 그래서 숟가락이 수프 속으로 사라지면 몹시 놀라곤 했다.

그는 일기에 부상 전후로 자신의 시각이 어떻게 변했는지를 알 수 있는 그림을 그렸다. (그림 2 참조)
　뿐만 아니라 그가 본 사물들은 더 이상 정지되어 있지 않았다. 그것들은 짧게 나타났다 이내 사라져버렸으며, 모든 것이 움직이는 것처럼 보였다.

나는 사물과 그 주변에 보이는 무수히 많은 날벌레 떼 때문에 사물을 온전하게 볼 수 없다. 이 때문에 단어의 첫글자는 분명하게 보이지 않는다. 단어가 명확하지 않고 글자 가장자리가 뜯겨져 나간 것처럼 보였다. 남아 있는 것은 벌레 떼처럼 나풀나풀 흔들리는 점과 선뿐이다. 나는 지금 이 벌레 떼를 볼 수 있다. 창밖을 내다볼 때, 시야는 지극히 제한적이지만 그 안팎을 날벌레 떼가 들락날락 하는 것이 보인다.

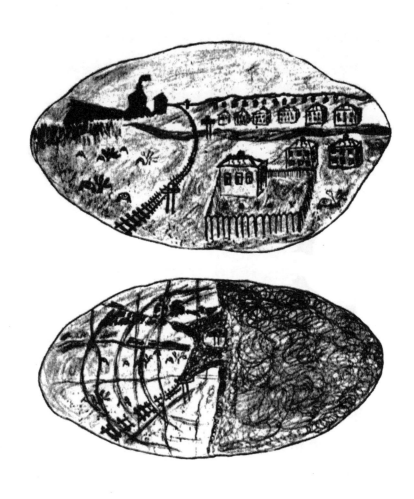

그림 2 부상 전(위쪽)과 부상 후(아래)의 시각

때때로 이 문제는 환각 때문에 더욱 심해졌는데, 이는 부상당한 뇌 부위에 생긴 반흔 조직이 시각 기억을 보관하고 있는 신경세포들을 자극했기 때문이었다. 그 결과 산산이 흩어진 기억은 물론 뒤죽박죽 혼란스러워진 시야 때문에 심한 고통을 겪어야만 했다.

나는 이틀 동안 눈을 감을 수 없어 고생했던 때를 기억한다. 환각에 시달렸던 것 같다. 눈을 감으면 말도 못하게 큰 귀를 가진 사람의 얼굴이나 괴상하게 생긴 눈과 같은 기괴한 형상들이 눈앞에 나타났다. 혹은 약간 이상한 얼굴, 사물, 공간이 보이곤 했다. 그래서 재빨리 눈을 뜨곤 했다.

사물의 절반이 잘려 나간 것처럼 보이는 세상에서 살아가는 것은 쉬운 일이 아니었다. 그래서 그는 변화된 환경에 완벽하게 적응해야만 했다.

언젠가 나는 방에서 나와 복도를 걷고 있었다. 그런데 몇 걸음 떼어놓자마자 오른쪽 어깨와 이마를 벽에 부딪쳐 이마에 주먹만 한 혹이 생겼다. 몹시 화가 났다. 느닷없이 벽에 부딪친 이유를 도저히 이해할 수 없었다. 벽이 있는 걸 봤어야 했는데. 그때 우연히 바닥과 발을 내려다보고 소스라치게 놀라고 말았다. 내 몸의 오른쪽 부분이 보이지 않았던 것이다. 오른손과 발이 사라지고 없었다. 도대체 어떻게 된 영문이지?

(몇 달이고 몇 년이 지난 후에도 이러한 결함은 나아지지 않았다. 그
의 시각은 여전히 불완전한 상태이다.)

그는 자신에게 벌어진 상황을 이해하기 위해 노력했으며 시각
적인 문제점들을 꼼꼼히 기술하고 극도로 왜곡된 시각을 테스트
했다.

부상을 입은 이후 나는 양쪽 눈으로 오른쪽에 있는 것은 아무것도
볼 수 없다. 그러나 외형적으로는 다른 사람들과 달라 보이지 않
기 때문에 얼굴만 봐서는 내가 사물을 볼 수 있는지 없는지를 판
단할 수 없다. 다시 말해, 한쪽 눈으로 점을 응시할 경우에 이 점
의 오른쪽에 있는 모든 것들이 보이지 않는다는 사실을 의미한다.
점을 중심으로 왼쪽에 있는 사물은 볼 수 있지만 많은 부분이 보
이지 않기 때문에, 사물을 볼 때 빈 공간이 존재할 수밖에 없었다.
단어를 읽을 때, 현기증이라는 뜻의 'dizziness' 같은 단어에서
'i' 자를 중심으로 왼쪽에 있는 'zz'만 볼 수 있었다. 즉, 'i' 옆의
'n'이나 그 주변의 글자는 볼 수 없었다. 왼쪽에 있는 'zz'는 볼
수 있었지만 그 뒤의 글자는 보이지 않았다. 연필로 글자를 따라
왼쪽으로 간다면, 연필의 움직임이 시작된 곳은 볼 수 있지만 글
자가 보이는 것은 아니었다. 이는 어느 쪽 눈으로든 오른쪽에 있

는 것은 볼 수 없을 뿐만 아니라 왼쪽에 있는 사물의 일부도 볼 수 없다는 뜻이었다.

엉덩이는 무릎 위?

아무리 심각하게 손상되었다고 하더라도, 불완전한 시력은 아주 작은 문제였을 뿐이다. 시력만 손상되었다면 상황이 그토록 심각하지는 않았을 것이다. 몸에 대한 감각도 변했으며, 이 때문에 반응도 달라졌다.

나는 일종의 마비 상태에 빠져서 주변에서 무슨 일이 일어나고 있는지 이해하지 못할 때가 많다. 나는 사물을 인식하지 못한다. 무언가를 생각하면서 서 있다가 잠시 후 거기 서 있는 이유를 잊어버린다. 그러다가 갑자기 정신이 돌아와 내 몸의 절반이 사라진 것을 발견하고 소스라치게 놀란다. 나는 오른쪽 팔과 다리, 즉 몸의 오른쪽이 어떻게 된 것인지 알기 위해 노력한다. 나는 왼쪽 손가락을 움직이고 느낄 수 있지만, 오른쪽 손가락들은 볼 수도 없고 그것들이 거기에 달려 있다는 사실도 인식하지 못한다. 그래서 몹시 걱정이 된다. 물론 명심해야 할 일이 있다. 그것은 오른쪽을 볼 수 없다는 사실을 항상 잊어버리기 때문에 느닷없이 몸의 오른쪽을 '잃게 된다'는 사실이다. 그러나 그러한 사실에는 익숙해지지 않았고, 그래서 몸의 일부가 보이지 않을 때마다 두렵다.

그가 잃어버린 것은 오른쪽 몸만이 아니었다(좌반구 두정엽이 손상된 경우 이러한 증상이 나타난다). 그는 이따금 몸의 일부가 변했다고 생각했다. 머리는 비정상적으로 커졌고 몸통은 매우 작아졌으며 다리가 꼬이곤 했다. 사물을 왜곡해서 인식하는 것 말고도 몸의 일부가 비정상적으로 분열했던 것이다.

이따금 앉아 있다가 갑자기 머리가 탁자만큼 크게 느껴지는 반면 손과 발 그리고 몸통은 굉장히 작다고 느껴질 때가 있다. 나는 이것을 기억하고, 우스꽝스러운 동시에 굉장히 이상하다고 생각한다. 나는 이것을 일종의 '신체적 특이 증상'이라고 부른다. 눈을 감으면 오른쪽 다리가 어디에 있는지조차 확신할 수 없다. 무슨 이유에서인지 다리가 어깨 밑이나 심지어 머리 위에 있다고 생각하기도 했다. 그리고 발부터 무릎까지가 다리라는 사실을 인식하거나 이해하지도 못했다

또 한 가지 걱정스러운 일은 의자에 앉아 있을 때 갑자기 키는 엄청나게 커지지만 몸통은 비정상적으로 짧아지고 머리는 굉장히 작아진다는 것이다. 닭 머리보다 크지 않을 것이다. 어쩌다가

그런 일이 일어났다고 아무리 상상해보려고 해도 그게 어떤 기분인지 아무도 알 수 없을 것이다.

그는 신체 각 부분이 어디 있는지 찾지 못하는 경우도 많았다. 신체의 각 부분들이 작은 파편처럼 분열되어 손, 발, 목덜미가 어디 있는지 바로 찾아내지 못했다. 그래서 오랫동안 힘들게 그것들이 어디 붙어 있는지 찾아다녀야만 했다. 부상당하기 전 신체 부위들이 제자리에 있었을 때, 신체 부위를 '찾아다녀야만 한다' 는 것은 상상하기조차 힘든 일이었을 것이다.

나는 팔뚝이나 엉덩이가 어디 있는지도 자주 잊어버렸으며 이 두 단어가 지시하는 것이 무엇인지 생각해내야만 한다. 나는 '어깨' 라는 단어와 팔뚝이 긴밀하게 관련되어 있다는 사실은 알고 있다. 그러나 팔뚝이 어디 있는지는 항상 잊어버린다. 과연 팔뚝은 목 혹은 손 부근에 있는 것인가? '엉덩이' 라는 단어에도 똑같은 현상이 일어난다. 나는 엉덩이가 어디 있는지 잊어버려서 혼란스럽다. 엉덩이는 무릎 위쪽의 다리 근육 안에 있는 것인가? 신체의 다른 부위에도 같은 증상이 나타났다. 뿐만 아니라 신체 각 부위의 명칭도 기억하지 못한다.

의사가 등이 어디 있는지 가리켜보라고 하면, 이상하게도 그렇게 할 수 없다. '등' 이란 단어가 신체 일부를 뜻한다는 것은 안다.

그러나 머리 부상 때문에 등이 어디에 붙어 있는지 기억해낼 수 없다. 뿐만 아니라 다른 신체 부위의 명칭들도 잊어버렸다.

또한 의사가 눈이 어디 있는지 가리켜보라고 했을 때도 같은 일이 벌어졌다. '눈'이란 단어를 기억해내는 데에도 오랜 시간이 걸렸다. 결국 그 뜻을 생각해냈지만, '코'라는 단어에서 똑같은 문제가 일어난다. 의사는 이 연습을 여러 차례 반복시킨 다음, 이 단어들이 지칭하는 신체 부위를 재빨리 가리켜보라고 주문했다. 그러나 혼란스럽기만 할 뿐 '코', '귀', '눈'과 같은 단어를 더 이상 기억해낼 수 없다. 의사가 그 단어들을 반복해서 연습시켰지만 나는 기억하지 못한다. 심지어 알고 있어야 하는 단어도 쉽사리 떠오르지 않는다.

의사가 "엉덩이에 손을 올려보세요"라고 말하면 '엉덩이'가 무슨 뜻인지 몰라 머리만 갸우뚱거리며 그대로 서 있다. 의사가 "허리에 손을 올려봐요"라고 말하면 속으로 이렇게 생각한다. '손을 허어리에…… 허리? 도대체 허리가 뭐지?'

이러한 혼란은 다소 이상한 결과로 이어졌다. 그는 신체 부위를 인식하지 못할 뿐만 아니라 그 기능도 기억하지 못했다. 다음에 소개하는 일화는 그가 부상을 입고 몇 주 안 되어 모스크바 근처의 한 병원에 입원했을 당시의 이야기이다. 그것은 상당히 특이한 증상이었다.

어느 날 저녁 나는 갑자기 잠에서 깼는데 배가 묵직해지는 느낌이 들었다. 뱃속을 무엇인가로 휘젓는 것 같았지만 소변을 보고 싶어서 그런 것 같지는 않았다. '그렇다면 왜 그러지?' 알 수 없었다. 시간이 지날수록 배는 점점 더 묵직해졌다. 그때 갑자기 대변을 봐야 한다는 사실을 깨달았지만 대변을 어떻게 해결하는지 기억이 나지 않았다. 나는 소변을 배설하는 장기는 알았지만 이 묵직함은 다른 장기에서 느껴지는 것이었고, 그 묵직함을 해소할 방법을 몰랐던 것이다.

그가 겪은 특이한 경험은 이것이 전부는 아니었다. 그는 손짓을 하거나 작별 인사로 손을 흔드는 것처럼 과거에는 너무나 당연했던 것들을 다시 배워야 한다는 사실을 깨달았다.

나는 침대에 누워 있었고 간호사가 필요했다. 그런데 어떻게 간호사를 내 쪽으로 오게 하지? 나는 문득 손짓을 하면 된다는 것이 기억났고, 왼손을 가볍게 앞뒤로 흔들어 간호사에게 손짓을 했다. 그러나 간호사는 내 옆을 지나치면서 나에게는 눈길도 주지 않았다. 그때 어떻게 손짓을 하는지 잊어버렸다는 사실을 깨달았다. 나는 손을 어떻게 움직여야 다른 사람들이 내 뜻을 알아차릴 수 있는지 기억하지 못했다.

여기가 어디지?

그는 이러한 신체적 특이 증상에 재빨리 적응했으며, 나중에는 발작이 일어났을 때만 이 증상을 경험했다. 그러나 다른 장애들(그가 이름 붙인 '공간 장애')은 사라지지 않았다. 예를 들어 의사가 그에게 악수를 청하면 그는 어느 손을 내밀어야 하는지 몰랐다. 의자에 앉을 때, 언제나 의자는 그가 생각했던 것보다 훨씬 왼쪽에 있었다. 먹을 때도 사정은 다르지 않았다. 그는 포크로 고기를 집어 올리지 못했으며, 수저도 제대로 쥘 수 없었기 때문에 고개를 한쪽으로 비스듬히 기울여 수프를 입속으로 흘려 넣었다. 이러한 증상은 병원에 입원해 있을 당시 일찍부터 시작되어 몇 년간 계속됐다.

> 내 이름을 알게 된 의사는 늘 내 이름을 불렀으며, 다가와 악수를 청하곤 했다. 그러나 나는 그의 손을 쥘 수 없었다. 그는 두 번째로 악수를 청했지만 보이지 않았기 때문에 내게 오른손이 있다는

것을 잊고 있었다. 나는 갑자기 악수를 해야 한다는 사실을 기억해냈다. 악수를 하려고 했지만 의사의 손가락만 겨우 건드렸다. 그는 내 손을 놔주고 다시금 시도했다. 내가 여전히 악수를 하지 못하자, 그가 손을 잡고 악수하는 법을 알려주었다.

부상 이후 나는 의자나 소파에 앉지 못했다. 우선 의자가 있는 위치를 확인한 다음 의자에 앉기 위해 몸을 낮추다가 갑자기 의자를 움켜쥐곤 했다. 혹시 바닥에 나동그라질까 봐 두려웠기 때문이었다. 생각했던 것보다 훨씬 옆에 의자가 놓여 있었기 때문에 가끔 그런 일이 일어나기도 했다.

이러한 공간 장애는 특히 탁자에 앉으려고 할 때마다 그를 괴롭혔다. 그는 글자를 써보려고 노력했지만 연필을 어떻게 쥐는지 몰라서 원하는 대로 움직일 수 없었다. 그는 직업 치료를 위해 참가했던 병원 워크숍에서도 이와 비슷한 문제들을 경험했다. 그는 할 일이 주어지지 않을까 기대했고, 자신도 쓸모 있는 인간이라는 자신감을 얻기 위해 워크숍에 참가했다. 물론 그곳에서도 똑같은 문제에 부딪혔다.

강사는 내게 바늘 하나와 실 한 꾸러 그리고 무늬가 있는 천을 몇 장 건네주고 감침질하라고 말하고는 다른 수강생들에게로 다가갔다. 그들은 부상 때문에 팔이나 다리를 절단했거나 몸이 마비된 사람들이었다. 한편 나는 바늘, 실, 천을 들고서 왜 그것들을 들고 있는지 의아해하고 있었다. 아무것도 하지 않은 채 오랜 시간 앉아 있었다. 그때 강사가 내게 다가와 이렇게 물었다. "왜 그냥 앉아 있기만 하세요? 어서 실을 바늘에 꿰어야죠!" 나는 한 손에는 실을 들고 다른 손에는 바늘을 들고 있었지만, 무엇을 해야 하는지 몰랐다. '어떻게 바늘에 실을 꿰지?' 나는 바늘을 앞뒤로 비틀어봤지만 도저히 아무 생각도 떠오르지 않았다.

나는 이 물건들을 집어 들기 전에 쳐다보면서 매우 친숙하다는 느낌을 받았다. 그러나 집는 순간 그 물건의 용도를 몰라 당황할 수밖에 없었다. 나는 멍해져서 이 두 물건을 연결시킬 수 없었다. 물건의 존재 이유를 잃어버린 것처럼 말이다. 손에 든 바늘과 실을 비틀어 돌려봤지만 이 두 물건을 연결하는 방법(실을 바늘에 꿰는 방법)을 알 수 없었다.

그 다음에도 속상한 일이 일어났다. 이미 실과 바늘, 골무, 천이 어디에 사용되는 물건인지 알게 됐으며, 어떻게 사용해야 하는지 어렴풋하게 이해하고 있었다. 그러나 다른 사람들이 가리키는 다른 물건의 이름을 기억해낼 수 없었다. 나는 바늘로 천을 감침질하면서 앉아 있었지만 사용하고 있는 물건의 이름을 기억해내지 못했다.

처음 작업실에 들어가서 일하는 사람들을 봤을 때, 작업대, 목판, 대패 등 다양한 물건이 눈에 들어왔다. 나는 이 물건들을 기억하고 명칭을 안다고 생각했다. 그러나 다른 환자들이 연장의 사용 법을 가르쳐주기 전까지는 대패와 목판을 한동안 만지작거리고 있어야만 했다. 나무를 사포로 문지르기 시작했지만 제대로 할 줄 몰라서 나무가 잘 다듬어지지 않았다. 이 작업을 할 때마다 나무 표면이 한쪽은 낮고 한쪽은 높거나 움푹 패거나 삐쭉 올라오기 일 쑤였다. 뿐만 아니라 몹시 빨리 피로해졌다. 작업실에서 나무를 다듬거나 다른 연장을 보고 있을 때, 늘 그랬듯이 이 물건들을 어 디에 사용하는지 전혀 기억해내지 못했다.

신발 만드는 법을 배우기 위해 한 공방에 갔을 때, 강사는 내가 신발 만드는 법을 전혀 모를 것이라고 생각하고 모든 것을 아주 세세하게 설명해주었다. 망치 잡는 법, 못을 박고 빼는 법 등을 가 르쳐주었지만 내가 할 줄 아는 것은 못을 합판에 박았다 빼는 일 뿐이었다. 그러나 그조차도 너무나 힘들었다. 원래 못을 박아야 하는 자리가 아니라 엉뚱한 곳에 망치질을 했기 때문에 손가락에 서 피가 나기 일쑤였다. 그래서 학습 진도는 굉장히 더뎠다. 공방 의 강사들은 내게 합판에 못 박는 일만 하게 했다.

이러한 문제들은 그가 집으로 돌아와 간단한 집안일로 어머니를 도와주려 할 때에도 계속됐다. 어머니가 그에게 나무를 쪼개거나 울타리를 고쳐달라거나 창고에서 우유를 가져다 달라고 말하면, 그는 그런 일들을 어떻게 해야 할지 도통 감을 잡지 못했다. 이렇게 장애물에 부딪힐 때마다 그의 슬픔은 더욱 깊어만 갔다.

나무 장작을 놓고 도끼를 들어 휘둘렀지만 헛손질만 하고 도끼는 바닥에 떨어뜨리고 말았다. 부상 이후 도끼를 휘두르면 번번이 바닥을 치는 것 같다. 아니면 도끼가 나무에 박히거나 나무가 튕겨 나가 손이나 발에 떨어져 퍼런 멍을 남기기 일쑤였다. 장작을 제대로 내리쳐본 적이 거의 없으며, 도끼는 대부분 오른쪽이나 왼쪽으로 약간 빗나가 꽂혔다. 알 수 없는 신비스러운 힘 때문에 도끼가 약간씩 옆으로 치우치는 것만 같았다. 그 때문에 장작을 패는 일이 특히나 어려웠다.

한번은 누이가 못 하나에 간신히 매달려 있는 헛간 문을 고정시켜달라고 부탁했다. 나는 누이의 부탁을 들어주고 싶었지만, 뭘 해야 하는지, 문을 고치려면 어떤 연장이 필요한지 고민하면서 오랫동안 헛간 주변만 서성댔다. 필요한 연장이 헛간에 있었는데도 어디 있는지 기억나지 않았다. 부상 이후 나는 주변에 있는 물건은 어느 것도 만지고 싶지 않았다. 헛간 안에 들어갔을 때도 그런 기분이었다. 내 방에 들어갔을 때도 그 기분은 사라지지 않았다. 나는 물건을 두는 자리를 몰랐다. 또한 그 물건들이 무엇이며 그것을 어디에 사용해야 하는지도 모른다. 내가 무엇이 필요한지 모른다는 사실을 알아차린 누이들이 망치와 못을 가져다주었다. 나는 망치와 못을 집어 들었지만 어떻게 문을 고쳐야 하는지 몰라 그 자리에 그대로 서 있었다. 고치는 법을 한동안 생각하다가 마침내 망치를 들어올렸다. 그러나 그것을 똑바로 잡을 수 없었다. 망치를 비틀어 내리쳤기 때문에 못은 구부러졌고 나는 손가락을 다쳤다. 못을 똑바로 펴는 방법을 알아내려고 노력했지만 도무지 알 길이 없었다. 그러자 어머니가 짜증을 내시며, 망치를 뺏어다 손수 헛간 문을 고치셨다.

물을 길어 오기로 마음먹고 들통에 물을 채워서 집으로 돌아오는 길이었다. 갑자기 땅바닥에 대자로 넘어지고 말았다. 운 좋게도 머리는 다치지 않았지만 뒤로 자빠지는 바람에 들통이 찌그러지고 말았다.

들통의 오른쪽 귀퉁이를 벽이나 울타리에 부딪치는 경우가 많았고, 땅이 고르지 않으면 자주 넘어지곤 했다. 물이 담긴 들통을 지고 집으로 돌아가려 할 땐 모든 것이 괜찮을 것 같았지만 곧 피곤이 몰려왔고 굉장히 초조해졌다. 우리 집은 우물 근처에 있었기 때문에 100미터 정도 떨어져 있었는데도 손발이 사시나무처럼 떨렸고 신경이 극도로 날카로워졌다.

붕괴되어버린 세상과 제 기능을 하지 못하는 몸에 대처하는 문제는 그가 일을 하려고 할 때뿐만 아니라 일상적인 모든 일에도 영향을 미쳐 그를 괴롭혔다. 심지어 운동이나 게임처럼 아주 사소한 일에서도 어려움을 겪어야 했다. 매 순간 장애물에 부딪쳐야 했으

며, 가장 간단하면서도 평범한 일들이 그에게는 고통스러울 정도
로 어려운 일이 되었다.

나는 방 한가운데 서서 운동을 하려고 한다. 부상을 입기 전 나는
음악에 맞춰 할 수 있는 네 가지 운동법을 알고 있었다. 그러나 무
슨 영문에서인지 지금은 하나도 기억이 나지 않는다. 네 가지 운
동법을 모두 잊어버린 것이다. 그래서 팔 올리고 내리기, 앉았다
일어나기처럼 다양한 동작들을 시도해봤지만 즐겁지가 않다. 나
는 빨리 피로를 느꼈으며 체력 단련에 흥미를 잃고 말았다.
볼링을 치면 한 번도 핀을 맞춰본 적이 없다. 볼링 치는 법을 모
두 잊어버렸기 때문이다. 사물을 잘 볼 수도 없고 재빠르게 사고
할 줄도 모른다. 나무 막대를 던지면 언제나 과녁을 빗나갔고 내
팔은 멀리 쭉 빠져 있었다. 나중에야 하는 법을 알게 된 다른 게임
들도 처음 시도할 때에는 같은 일이 벌어졌다.

그가 설명하는 문제의 핵심은 무엇일까? 장작을 쪼개고 수저를
잡을 때 자신의 팔을 통제할 수 없으며, 자신의 방에서 물건을 찾
을 때도 눈가리개를 하고 손으로 더듬어 찾는 것처럼 서투른 이유
가 무엇일까? 그가 자주 말하곤 하는 '공간 인식 장애'를 유발하
는 원인은 무엇일까?
문제는 그가 사물을 볼 수 없어서가 아니었다. 그는 사물을 인

식할 수 있고, 그 사물의 용도와 사용법을 알고 있다. 그러나 방향을 잡고, 오른쪽과 왼쪽을 구분한다거나, 두 물체 사이의 거리와 관계를 가늠하려고 하면 얘기는 완전히 달라졌다.

이러한 공간 장애는 병원에 입원해 있는 동안 점점 더 극명하게 나타났다. 병실에서 나가면 그 병실로 돌아올 수 없었다. 병원 복도에서 왼쪽으로 가야 할지, 오른쪽으로 가야 할지 판단할 수 없었기 때문이었다. 그에게 '오른쪽'과 '왼쪽'은 어떤 의미일까? 한때 그것을 분간하는 일은 식은 죽 먹기였겠지만, 부상을 당한 이후 왼쪽과 오른쪽을 분별하는 능력이 사라졌다. 그는 간단한 문제를 풀 때도 어려운 공식이 필요한 대수 문제를 푸는 것처럼 머리를 쥐어짜야만 했다. 이러한 증상이 나타나는 이유를 분명하게 이해할 수 없었기 때문에, 자신의 문제점을 반복해서 기록했다. 다음 글은 그가 병원과 요양소에 있었을 때 기록한 것이다.

욕실에서 나와 다시 내 방으로 가려면 어느 쪽으로 돌아가야 하는지 기억이 나지 않았다. 그래서 천천히 걷기 시작했다. 느닷없이 오른쪽 옆구리를 문에 부딪쳤다. 이전에는 단 한 번도 일어나지 않은 일이었다. 나는 당황했다. 돌아가는 길이 기억나지 않아 혼란스러워서 그랬을지도 모른다. 나는 방이 어디에 있는지 알아내기 위해 사방을 둘러봤지만 도무지 어느 쪽으로 가야 할지 판단할 수가 없었다.

나는 반대 방향으로 가다가 쓰러지고 말았다. 다시 혼란스러워졌고 어느 쪽으로 가야 할지 알 수 없었다. 갑자기 '오른쪽', '왼쪽', '뒤로', '앞으로', '위로', '아래로' 같은 단어들이 떠올랐지만 그 단어의 의미를 몰랐기 때문에 전혀 도움이 되지 않았다. 잠시 후 '동쪽', '서쪽', '남쪽', '북쪽' 같은 단어도 생각났다. 두 단어 사이의 관계를 파악하려 노력했지만 도저히 알 수 없었다. '남쪽'과 '북쪽'이 나란히 있는 방향을 의미하는 것인지, 아니면 그 반대인지 이해하지 못했다. 심지어 남쪽과 북쪽이 어느 방향을 가리키는지도 잊어버렸다. 그때 누군가 나를 불렀다. 처음에는 누군가가 나를 부른다는 사실을 인식하지 못했지만, 그 친구가 내 이름을 반복해서 부르자 누가 나를 부르는지 보기 위해 주변을 둘러봤다. 마침내 나는 환자 한 명이 손을 흔들며 다가오는 것을 볼 수 있었다.

산책을 갔을 때도 똑같은 일이 벌어졌다. 나는 병원 건물이 어디 있는지, 돌아가려면 어느 쪽으로 가야 하는지 잊어버렸다. 해를 쳐다봤지만 그 시간쯤이면 해가 어느 쪽에 있어야 하는지 기억할 수 없었다. 병원에서 그리 멀지 않은 곳에 있었는데도 그곳까지 어떻게 오게 됐는지, 되돌아가려면 어느 쪽으로 가야 하는지 잊어버리고 말았다. 내가 있던 병원은 거대한 상록수에 둘러싸여 있었으며, 조금만 가면 호수가 하나 있었고 더 가면 울창한 숲이 있었다. '어떻게 해야 하지? 어떻게 하면 돌아가는 길을 찾을 수 있을까?

눈 검사를 받으려고 안과의사에게 갔을 때도 이런 일이 벌어졌다.

안과의사는 반원을 가리키면서 반원이 어느 쪽으로 돌아가 있느냐고 물었다. 나는 그녀를 쳐다봤지만 질문을 이해하지 못했기 때문에 대답할 수 없었다. 신경이 날카로워진 여의사가 물었다. "왜 대답을 안 하죠? 반원이 어느 쪽으로 돌아가 있느냐고 물었어요. 오른쪽이에요? 왼쪽이에요?" 마침내 그녀의 질문을 이해하고 반원을 쳐다봤지만 왼쪽인지 오른쪽인지 판단할 수 없었다. '왼쪽', '오른쪽'이 무슨 의미인지 알지 못했기 때문이었다. 부상 이후 그러한 표현들을 이해할 수 없게 된 것 같았다.

  나는 한쪽이 없는 원을 볼 수 있었다. 어떻게 그것이 보이지 않을 수 있겠는가! 그러나 나는 의사의 질문을 이해하지 못했다. 인내심이 바닥난 여의사는 질문을 반복했다. 자리에 앉아서 그림을 응시했지만 그녀의 질문에 대답할 수 없었다. 그 단어들이 무슨 뜻인지 이해할 수 없었기 때문이었다.

  나는 또다시 의사에게 모르겠다고 말했다. 그러나 그녀는 내가 거짓말을 하고 있다고 생각하고 믿으려 들지 않았다. 이번에는 지시봉을 집어 들고 훨씬 더 큰 그림을 가리켰다. 이번에도 나는 대답할 수 없었다. 이상하게도 나는 이처럼 간단한 것들을 이해하지 못한다.

그가 소리에 대해 반응할 때도 이런 문제가 발생했다. 시각뿐만 아니라 청각도 방향 감각을 상실했기 때문에 누군가 병원 복도에서 그를 부르면 그 소리가 어느 쪽에서 나는지 판단하지 못했다. 분명히 그의 문제는 단순한 시각적 결함이라기보다는 좀 더 깊고 광범위한 무엇에서 기인하고 있었다.

병원에서 이미 공간 인식의 문제들을 경험했지만, 퇴원해서 집으로 돌아간 후 이러한 문제들은 그를 더욱 힘들게 만들었다. 그는 병원을 떠나 집으로 돌아가는 길을 일기에 상세하게 기술하고 있다. 간호사 한 명이 툴라행 기차를 타는 역까지 그와 동행했다. 그녀가 떠나자 그는 뭘 어떻게 해야 하는지, 그리고 누구에게 도움을 청하면 좋을지 몰랐다.

간호사가 기차역에 나만 남겨두고 떠나자, 나는 점점 불안해졌다. 내가 있는 위치를 확인하고는 툴라행 기차를 타려면 역의 어느 쪽에 서야 하는지 알기 위해 주변을 둘러봤다. 나는 쿠르스크 기차역 내에 있는 상이군인을 위한 특별실에 앉아 있었다. 나는 걸을 수 있었고 최소한의 의사 전달은 가능했기 때문에 집까지 동행하도록 배정된 사람이 없었다. 부상을 당하기 전 여러 차례 기차 여행을 해본 경험이 있기 때문에 혼자서 집까지 가는 데 별다른 어려움이 없을 것이라고 생각했다. 그러나 역에 도착하거나 빠져나가는 승객들이 있다는 사실을 깨닫고는 자리에서 벌떡 일어나 여행 가방을 집어 들고 초조해하면서 왔다 갔다 하기 시작했다.

나는 극도로 혼란을 느꼈으며 어디로 가서 어떻게 기차를 타야 할지 알 수 없었다. 너무 당황한 나머지 우왕좌왕하면서 정신을 차릴 수 없었다. 갑자기 무사히 집에 갈 수 있을까 하는 두려움이 몰려왔다. 당시 주변의 모든 것들은 의미가 없었으며 무력감만 밀려들었다. 마침내 냉정을 되찾은 나는 기차 기장의 제복을 입고 있는 한 여성에게 다가갔다. 나는 그녀에게 툴라행 기차를 타려 한다고 말하려 했지만 심하게 말을 더듬었고 단어가 몇 개밖에는 떠오르지 않았다. 나는 좌절감에 입술을 깨물어야 했다. 이 여성은 내가 횡설수설하며 조리 있게 말하지 못하자 부상을 당했냐고 물었다. "머, 머, 머리를……"이라고 짧게 대답할 수밖에 없었다. 내 말을 알아들은 그녀는 더 이상 묻지 않고 나를 또 다른 여성에게 데려다 주었다. 그 여성은 내게 툴라행 기차를 타는 곳을 가르쳐주었다.

드디어 그는 학창 시절을 보내고 오랜 세월을 살면서 골목 구석구석 모르는 곳이 없을 정도로 친숙한 고향 마을로 향하고 있었다. 그러나 이곳 역시 그에게는 낯설고 이상한 세계였다.

툴라에서 내린 나는 도시 외곽으로 가는 트롤리를 타기 위해 다른 역으로 가는 기차를 갈아타야만 했다. 무슨 영문인지 트롤리는 한 대도 오지 않았다. 그래서 역에서 얼마 되지 않는 거리를 걸어가기로 마음먹었다. 그런데 기이한 일이 벌어졌다. 거리, 트롤리 정거장, 노선 등 툴라에 대해 기억이 나는 것이 하나도 없었다. 이곳을 떠난 지 오래되지 않았고, 전쟁이 발발하기 직전 나는 이곳에 있는 전문학교에서 3년을 보냈다. 갑자기 툴라가 완전히 다른 곳으로 변한 것 같았다. 어떻게 하면 다른 역으로 가는 길을 찾아낼 수 있을까? 어처구니없는 동시에 기분이 굉장히 울적해지는 사건이기도 했다.

머리 부상 때문에 이곳을 알아볼 수 없다는 게 가능하단 말인가? 젠장, 사실이 그런 걸 어쩌라고! 나는 손바닥 보듯 훤하게 꿰뚫고 있었던 툴라의 시가지를 기억해내려고 애썼지만 허사였다. 무엇 때문인지 도시 전체를 까맣게 잊어버린 모양이었다. 걸어 다니면서 라즈스키 역의 위치를 기억해내려고 애썼다. 마침내 어떤 사람이 내게 역으로 가는 길을 가르쳐주었다. 툴라가 그리 큰 도시가 아니었는데도 길을 잃어버렸다는 것이 이상하기만 했다.

그러나 나는 이미 찾아가야 하는 역의 이름을 잃어버렸다. 역까지 데려다 주었던 간호사가 집 주소와 동네로 가는 길을 적은 쪽지를 쥐어준 것은 정말 다행스러운 일이었다. 나는 툴라 기차역에서 굉장히 오랜 시간을 기다렸다. 그때 누군가 다가와 환승역을

막 떠나고 있는 기차를 타야 한다고 말해주었다. 그러나 그 이후에도 기차를 두 차례나 더 갈아타야만 했다. 나는 내려야 하는 역을 지나치지 않기 위해 사람들에게 계속해서 길을 물었다.

마침내 그는 기차에서 내렸고 그의 집은 역에서 그리 멀지 않은 곳에 있었다. 과거에 그 길을 수천 번이나 지나다녔지만, 이제는 그 길이 낯설기 짝이 없었다. 그는 그 거리를 기억하지 못했고 어디로 가야 할지 알 수 없었다.

나는 해를 보고 동서남북을 구별해보려 했지만 잘되지 않았다. 그 시각쯤 해가 어디에 떠 있어야 하는지, 오른쪽이 맞는지, 왼쪽이 맞는지 몰랐다. 나는 동쪽과 서쪽을 헷갈렸고 그 낱말들이 무엇을 의미하는지 몰랐다. 어떤 사람이 내 옆을 지나갈 때, 나는 카자노프카에 어떻게 가야 하는지를 물었다. 그러나 내가 물어보던 마을이 바로 그곳이었기 때문에 그는 히죽히죽 웃으면서 그냥 가버리고 말았다. 나는 여전히 그 사실을 알지 못했고 또 다른 사람에게 길을 물었다. 그러자 그 사람이 말했다. "여기가 카자노프카잖소!" 나는 그 말에 주변을 둘러보았고 그제야 카자노프카의 건물을 알아볼 수 있었다. 길을 찾아갈 수 없다는 것, 즉 공간 감각이 전혀 없다는 것은 도대체 이해하기 힘든 일이었다.

마침내 그는 카자노프카(이후 키모프스크로 명칭 변경)로 돌아왔다. 이 작은 마을은 그가 태어나고 자란 곳으로 모르는 이웃은 아무도 없었다. 그러나 그는 또다시 공간 장애로 인해 괴로움을 겪어야 했으며 모든 것이 낯설게만 보였다. 더 이상 기억이 떠오르지 않는 이 고향 마을에서 과연 그는 어떻게 적응하며 살아갈까?

고향으로 돌아온 지 몇 날, 몇 달이 지나도 살고 있는 마을이 익숙해지지 않았다. 집에서 조금만 떨어져 있어도 우리 집을 찾을 수 없었다. 내겐 모든 집들이 하나같이 똑같아 보였으며, 길을 잃을까봐 두려웠다.

몇 년이 흐른 뒤에도 이러한 공간 장애는 사라지지 않았다. 그는 여전히 그 작은 마을에서 길을 찾을 수 없었다.

이 집에서 거의 2년간 생활했지만 산책하는 길, 심지어 짧은 거리도 기억하지 못한다. 내가 사는 동네는 한쪽 끝에서 맞은편 끝까지 걷는 데 한 시간이면 충분할 정도로 굉장히 작은 곳이지만, 특이한 도시계획 때문에 건물이 어떻게 배치되어 있는지 나로서는 도무지 이해할 수 없다. 그래서 두세 블록을 벗어나지 않고 파르코바 가 근처에서만 산책을 한다. 뿐만 아니라 굉장히 빠르게 피로를 느끼고 모든 것을 잊어버린다. 나는 갑자기 찾아오는 발작을 두려워했다. 특히 며칠 동안 침대에서 꼼짝하지 못할 정도로 몸이 아파오는 심각한 발작이 두려웠다. 웬만하면 집에서 멀리 가지 않았지만, 매일 산책하면서 지나치는 거리조차 기억하지 못한다. 키모프스크의 아름다운 거리들을 기억하려는 시도는 별 의미가 없다. 부상 때문에 기억이 대부분이 사라져서 그 거리들을 기억해내지 못할 테니까.

이 문제는 몇 년 후 가족들이 2층짜리 건물로 이사하면서 더욱 심각해졌다. 이사한 집은 아름다운 숲에서 멀리 떨어져 있지 않은 쾌적한 곳에 자리 잡고 있었다.

이사 후 처음 며칠 동안은 새집에 적응하지 못했고 주변 지리도 전혀 알 수 없었다. 그래서 한 발자국도 나가지 않았다. 우리 집에서 불과 세 집 건너에 있는 광부 조합Miners' Club에 가려면 작은 블록(옥타브르스카야) 하나만 지나치면 된다. 설령 내가 거기까지 간다고 해도 집으로 돌아오는 길을 기억할 수 없다. 우리 집이 어디에 있는지는 물론 내가 사는 거리의 이름도 기억하지 못한다. 부상 이후 기억력은 이만큼 나빠졌다. 나는 길을 잃을 것에 대비해서 집 주소와 아파트 호수를 적은 작은 메모를 늘 지니고 다녀야만 한다.

부상으로 손상된 뇌는 그의 세계를 송두리째 흩어놓았기 때문에, 지도나 기계 도면을 읽는 것처럼 예전에는 손쉽게 해치울 수 있던 일도 이제는 너무나 어려운 일이 되고 말았다. 소대장이었기 때문에 지도를 볼 기회가 굉장히 많았으며, 전문학교에서는 기계도면을 옆에 끼고 살다시피 했다. 그러나 간단한 일조차 좌절감만 안겨주는 힘든 일이 되고 말았다.

최근 우리 가족은 오븐이 달린 등유 스토브를 구입했다. 나는 제품의 여러 부분들이 어떻게 작동하는지를 보여주는 그림들이 그려진 제품 설명서를 가지고 있다. 몇 주에 걸쳐 새 스토브에 대해 알려고 노력했지만 대부분 이해가 되지 않았으며, 설명서의 그림이 스토브의 어느 부분을 가리키는 것인지 적용시킬 수가 없었다. 심지를 집어넣고 불붙이는 방법을 알게 되기까지는 오랜 시간이 걸렸다. 결국 스토브가 고장 난 불량품이라고 굳게 믿었다.

나는 매번 무엇인가를 분석할 때마다 오랫동안 집중해야 하며, 이해가 되지 않는 것들을 이해하려고 애쓰면서 느끼는 압박감 때문에 초조해진다. 그럴 경우 발작이 일어날 수 있기 때문에, 읽던 책을 내려놓는다거나 생각을 많이 해서 머리에 부담을 주지 않으려고 노력하고 있다.

요컨대, 뇌를 관통한 총알 파편은 그의 세상을 무자비할 정도로 산산이 부숴놨기 때문에 그는 더 이상 공간 감각을 발휘하거나 사물들의 관계를 판단할 수 없어서 세상을 수없이 독립된 부분으로 나누어진 곳으로 인식했다. 그의 말처럼 그는 '공간'이라는 의미를 이해하지 못했으며, 불안정한 공간을 두려워했다.

부상 이후 나는 공간을 이해할 수 없었으며 그것을 두려워하게 됐다. 지금까지도 나는 탁자에 놓인 물건에 손을 뻗어 그 물체를 만지는 것이 두렵다.

글을 잊어버리다

그에게 세상은 더 이상 안정된 곳이 아니었고 해체된 공간이었다.
그러나 그의 문제는 거기서 끝나지 않았다. 일기에서도 알 수 있
듯이, 부상 전에는 전문학교 4학년 학생이었지만 이제는 글조차
쓰고 읽을 줄 모른다. 그는 걸어서 병실을 나설 수 있게 됐을 때
이 사실을 알게 됐다.

나는 방 옆에 있다는 화장실에 가기 위해 복도로 나갔다. 화장실
로 보이는 문 앞으로 다가가 문에 붙어 있는 푯말을 바라봤다. 그
렇지만 명패에 쓰인 글자를 아무리 들여다봐도 도무지 뭐라고 씌
어 있는지 알 수 없었다. 그 푯말에는 낯설고 괴상하게 생긴 문자
가 박혀 있었다. 문제는 그 글자들이 러시아 말이 아니라는 점이
었다. 나는 지나가는 환자에게 푯말을 가리키며 뭐라고 씌어 있느
냐고 물었다. 그는 이렇게 대답했다. "남자 화장실이라잖소. 왜
요? 당신은 글 읽을 줄 모릅니까?"

나는 다리가 땅에 파묻히기라도 한 듯이 그 자리에 꼼짝하지 않고 서 있었다. 도대체 푯말을 읽지 못하는 이유를 이해할 수 없었기 때문이었다. 앞을 볼 수 있으니 장님은 아니다. 그런데 왜 낯선 글자로 쓰여 있는 거지? 혹시 어떤 정신 나간 친구가 장난치는 건 아닐까?

다시 한 번 푯말을 읽어보려 했지만 결과는 마찬가지였다. 나는 또 다른 문으로 다가가 푯말을 쳐다봤다. 뭐라고 씌어 있기는 했지만 역시 러시아어는 아니었다. 나는 푯말을 바라보면서 생각했다. 이건 여자 화장실이 틀림없어. 처음 갔던 문 앞으로 다시 가봤지만 푯말에는 여전히 이해할 수 없는 글자들이 씌어 있었다. 나는 한동안 그 두 푯말을 응시하고 있었다. 두 푯말에는 내가 들은 대로 남자 화장실과 여자 화장실이라고 씌어 있는 것이 분명했다. 그렇지만 어느 것이 여자 화장실이고 남자 화장실인지 구분할 수 없었다.

이러한 충격적인 사실은 시력 검사를 하려고 안과를 찾았을 때 더욱 분명해졌다.

의사는 나를 자리에 앉게 한 다음 작은 전등을 켜고 다양한 크기의 글자들이 씌어 있는 차트를 보라고 말했다. 여의사는 지시봉으로 차트 중간쯤에 있는 글자를 가리키며 그것을 읽어보라고 말했다. 글자가 씌어 있다는 것은 알았지만 읽을 수 없었기 때문에 대답하지 않았다. 그것이 무슨 글자인지 알 수 없었기 때문에 아무 말도 할 수 없었다. 조급해진 여의사가 물었다. "왜 읽지 않는 거죠?" 마침내 글을 읽을 수 없다는 사실을 의사에게 말해야 한다는 생각이 들었다. 내 말을 들은 의사는 적잖이 당황해하는 것 같았다. "그 나이에 아직 글을 못 읽을 수 있나요?"

나는 글자를 보면 그것이 낯설고 친숙하지가 않다. 그러나 기억을 쥐어짜고 그 글자를 큰 소리로 반복해서 암송하면 기억할 수 있다.

그는 신문을 읽어주면 무척 좋아한다. 잠들어 있는 생명을 깨우는 것 같은 기분이 들기 때문이다. 그러나 신문을 읽어보려고 하면 이내 충격에 휩싸이게 된다.

도대체 어떻게 이럴 수가 있지? 내게 글자들은 낯설기 짝이 없었고 신문에 인쇄된 글자는 러시아어가 아닌 것 같았다. 신문 첫 페이지에 인쇄된 신문 이름을 바라보면, 큼지막한 글자체가 어디서 많이 본 것처럼 친숙하게 느껴졌다. 그래서 신문이 러시아어로 인쇄되지 않은 이유를 이해할 수 없었다. 나는 그것이 소비에트의 여러 연방들 중 한 곳에서 발행되는 신문이라고 생각했다. 그러나 중대장은 우리에게 러시아어로 신문을 읽어주고 있었다. 나는 신문을 읽는 중대장의 말을 가로막으며 그에게 물었다. "이 신문의 이름이 뭡니까? 러시아 말로 돼 있나요?" 그는 웃음보를 터뜨리려다가 내가 머리에 붕대를 감고 있다는 것을 깨닫고 이렇게 대답했다. "이건《프라우다》지(구소련 공산당 중앙기관지―옮긴이)야. 러시아어로 돼 있는데, 보이나?"

'프라우다'라는 큰 글씨가 눈에 익었는데도 신문의 이름을 읽을 수 없었다. 대체 왜 읽을 수 없는 거지? 스스로를 위로하기 위해 분명 잠을 자고 있는 것이라고, 이 모든 게 꿈이라고 생각했다. 더 이상 글을 읽을 수 없다는 사실이 비참해서 견딜 수 없었다. 이건 도저히 있을 수 없는 일이야!

나는 벌떡 일어나서 신문을 펼쳐들고 레닌의 사진을 보았다. 친숙한 얼굴을 보니 더없이 기뻤다. 그러나 대문짝만 하게 인쇄된 '프라우다'라는 단어는 단 한 글자도 읽을 수 없었다. 정말 이상한 일이라고 생각했다. 머리 부상 때문에 무식해지고 문맹이 될 수 있다고는 꿈에도 생각하지 못했다. 러시아어를 읽을 수 없다는 것이 가능한 이야기인가? '레닌'이나 '프라우다' 같은 단어까지도? 뭔가 잘못된 거야. 도대체가 말이 안 된다.

그는 당황했으며, 한동안 자신이 글을 읽을 수 없다는 사실을 받아들이려 하지 않았다.

글을 읽을 수 없다는 것은 너무나 끔찍한 일이다. 인간은 글을 통해서 사물을 이해하고 배우며, 자신만의 세계관을 구축할 수 있고, 전에는 결코 알 수 없었던 것을 깨닫는다. 읽는 법을 배우는 것은 강력한 힘을 갖게 된다는 뜻이다. 어느 날 갑자기 그 강력한 힘을 잃어버리고 말았다. 그 사실을 깨닫고 비참한 생각이 들었으며 참을 수 없이 화가 났다.

그는 무능력한 상태로 살아가야 하는 현실을 거부했다. 그는 모든 것을 처음부터 시작했으며, 읽는 법을 배웠다. 읽는 법을 다시 배워야 한다는 것이 이상해 보였지만, 정말로 처음부터 모든 것을 다시 배워야만 했다.

알파벳은 어려워

그에게 교사 한 명이 배정되었고, 뇌를 다친 환자들이 말하기, 읽기 능력을 회복하도록 돕는 특수한 책 한 권이 주어졌다. 그는 이 모든 상황이 당황스러웠지만, 글 읽는 법을 배우기로 결심했다.

다음 날 아침, 나는 어깨를 축 늘어뜨린 채 선생님 옆에 앉아 있었다. 바보 같은 미소를 지으며 앉아 있는 동안 여선생님은 러시아어 알파벳을 가리켰다. 글자를 쳐다봤지만 읽을 수 없었다. 도대체 지금 뭘 하고 있는 거지? 나는 러시아어는 물론 독어와 영어까지도 알고 있었다. 그런데 어느 날 갑자기, 외국어는 물론 러시아어마저 단 한 글자도 읽을 수 없게 됐다. 나는 그것이 불가능하다고 생각했고 이 모든 것이 꿈이라고 믿고 싶었다. 그래야만 했다. 모든 상황을 믿을 수 없다는 듯 멍청한 미소를 짓기 시작했고, 이 미소는 수년간 내 얼굴에 머물렀다. 갑자기 머릿속은 모순된 생각으로 요동치기 시작했으며, 이 모든 것이 꿈이 아닐지도 모른다고 생각했다. 한편, 이 모든 것이 꿈이 아니고 현실이라면, 전쟁이 일어나기 전, 부상당하기 전의 나 자신으로 돌아가기 위해 말하고, 읽고, 쓰는 법을 하루 빨리 배워야 한다는 생각이 고개를 들기 시작했다.

그는 모든 것을 처음부터 다시 시작해야 했기 때문에 공부하는 것이 어려웠다.

내 치료사 O. P.는 글자를 가리키며 내게 무슨 글자인지 묻곤 했다. 잠시 동안 나는 얼간이 같은 미소를 짓지 않았다. 대답하기 위해 정신을 집중해야 했기 때문이었다. 세 번째 수업쯤 되자 m과 a를 기억할 수 있었다. 그러나 m을 곧바로 떠올리지는 못했다. 뭔가를 기억하려고 안간힘을 쓸 때마다 머릿속이 텅 비어 있는 하얀 백지가 된 것 같았다.

그는 조금씩 발전했다. 새로운 글자를 배울 때마다 더 많은 노력을 기울여야만 했다. 글자를 이해하고 기억할 수 있는 새로운 방법을 계속해서 생각해내야 했기 때문이었다.

나는 알파벳 z와 성姓인 자세츠키Zasetsky를, zh와 sh는 누이 젠야 Zhenya와 형 슈라Shura와 연결시켜 외웠다. 물론 글자와 이름을 관런시켜 기억하는 방법을 통해 빠르게 향상되고 있었기 때문에 선생님은 이러한 방식으로 단어를 공부하도록 허락해주었다. 그러나 연관시킬 단어가 없는 것도 있었기 때문에 절대 암기할 수 없는 글자도 있었다. 단어 하나를 생각해냈다가 불과 1분 후 그 단어를 기억하지 못하는 경우도 있었다. 뿐만 아니라 s, k, m처럼 특별히 기억하기 어려운 글자들도 있었다. 그러나 나중에 피blood라는 뜻의 단어 'krov'를 기억했는데, 이 단어는 너무 자주 생각나서 잊어버릴 수가 없었다. 나는 이 단어를 열심히 외웠으며, 곧 글자 k와 'krov'를 연결해서 기억했다. 그 후 s를 외울 때도 '잠'이라는 뜻의 'son'과 연관 지어서 외웠다.

매일 밤 잠자리에 들 때마다 'son'이란 단어를 떠올렸기 때문에, 재빨리 s를 기억해낼 수 있었다. 그러나 이전엔 결코 그 글자를 기억해낼 수 없었다. 나는 t를 연상할 수 있는 적당한 단어를 생각하다가, 누이 타마라Tamara의 이름이 떠올랐다.

나는 기억을 돕는 적절한 낱말과 글자를 연결시켜 알파벳을 배우는 데 효과를 봤다. 때때로 기억해낸 단어를 1~2분 후에 까맣게 잊어버리는 경우도 있었다. 그렇다고 하더라도, 낱말 연상법은 알파벳 글자를 기억하는 데 도움이 됐다. 얼마 지나지 않아, 나는 l과 'Lenin'을, ts와 'tsar'를, zh와 'Zhenya', sh와 'Shura'를 연결시키기 시작했다. 선생님은 k와 '고양이'라는 뜻의 'koshka'를, s와 '탁자'라는 뜻의 'stol'을, 그리고 t와 '권'이라는 뜻의 'tom' 을 연결시켜보라고 말해주었다.

그는 크게 위안이 되는 사실을 한 가지 더 발견하게 되었다. 어렸을 때 그랬던 것처럼 알파벳을 큰 소리로 암송하면 글자를 기억해낼 수 있었다. 각각의 글자를 시각화하려 애쓰는 대신 오래전부터 쌓아 올린 구강 운동 기술을 사용하는 것이었다. 이 암기법이 가능했던 이유는 손상되지 않은 뇌 기능을 필요로 했기 때문이다 (다시 말해 부상으로 손상된 부분은 대뇌피질의 시각과 공간과의 관계를 파악하는 영역이었지, 구강 운동 기능을 담당한 영역은 아니었기 때문이다). 그래서 그는 이 학습법을 사용하기 시작했다.

나는 다양한 낱말과 글자들을 연결시켜 많은 글자들을 기억해낼 수 있었다. 그러나 특정 글자(예를 들면 k와 같은)를 머릿속으로 상상하거나 그것을 표현하는 단어를 찾아내려고 할 때, 적당한 단어를 발견해서 선생님에게 답을 말하기까지 상당히 긴 시간이 필요했다. 갑자기 k가 생각나면, 처음부터 알파벳을 읊다가 k가 나오는 순서에서 큰 소리로 외쳤다.
  몇 개월 후 나는 알파벳을 모두 기억할 수 있게 됐다. 그러나 여전히 알파벳 글자들을 즉시 구분하지는 못한다. 선생님이 k를 가리켜보라고 말하면, 나는 한동안 생각에 잠겼다가 k가 나올 때까지 알파벳 전체를 암송해야만 했다. 무슨 이유에서인지 아직도 알파벳 암송하는 방법을 기억하고 있으며, 어려움 없이 알파벳 전체를 암송할 수 있다.

볼 수 있는 영역이 제한돼 있기 때문에 한 번에 낱말 전체를 볼 수는 없지만 곧 글을 읽기 시작했다. 그러나 한 자씩 한 자씩 글자를 기억하고, 다음 단어로 넘어갔을 때 잊어버리지 않도록 하기 위해 엄청난 집중력을 발휘해야만 했다.

책을 읽기 시작했을 때, 한 번에 볼 수 있는 최대 글자 수는 세 자였다(처음엔 한 번에 한 자씩밖에 볼 수 없었다). 또한 낱말을 보기 위해 단어 아래쪽과 약간 오른쪽에 초점을 맞춰야만 했다. 글자를 보고 곧바로 그것을 어떻게 읽어야 하는지 떠올리지는 못했지만 이런 방법으로 글자를 볼 수 있게 됐다. 기억은 브레이크가 걸려 있기라도 한 것처럼 차단되었다.

읽기를 시작했을 때, 곧바로 글자가 기억나지 않아서 그 글자가 나올 때까지 알파벳을 처음부터 읊어야 하는 경우가 많았다. 그러나 시간이 가면서 이렇게 글자를 기억해내는 경우가 줄어들었으며, 글자가 떠오를 때까지 기다리면서 기억해보려고 애썼다. 한 단어를 구성하는 글자들은 모두 파악했지만, 그 단어가 무엇이 있는지 잊어버리는 바람에 단어의 뜻을 이해하기 위해 모든 글자를 처음부터 다시 읽어야 하는 경우도 많았다. 교과서를 읽기도 했지만 그냥 읽어 내려갈 뿐 그 뜻을 전혀 이해할 수 없었다. 낱말의 뜻이 알고 싶으면 그 의미가 머릿속에 떠오를 때까지 기다려야만 했다. 한 낱말을 읽고 그것을 이해한 후에야 두 번째, 세 번째 낱말로 넘어갈 수 있었다. 그러나 세 번째 낱말을 읽으면서 첫 번째 낱말, 심지어 두 번째 낱말의 뜻조차 기억하지 못하는 경우도 있었다. 아무리 노력해도 낱말의 뜻이 기억나지 않았다.

나는 뜻을 이해할 때까지 낱말을 한 번에 하나씩 읽어야만 한다. 즉, 낱말 하나를 읽고 그것을 이해한 다음, 두 번째, 세 번째 낱말로 넘어갈 수 있다. 뿐만 아니라 모든 낱말의 네 번째 글자에서 읽는 것을 멈춰야만 했다. 낱말을 볼 수 있고 어떻게 읽어야 하는지는 알고 있지만 이미 앞에서 읽은 세 글자를 기억할 수 없었기 때문이었다. 나는 낱말의 네 번째 글자를 보면서 앞에 있는 두 번째, 세 번째 글자까지는 볼 수 있지만 단어의 맨 첫 글자는 볼 수 없다.

그래서 그는 조금 전에 읽은 글자나 단어가 기억나지 않을까 봐 걱정하면서 한 글자씩, 한 단어씩 글을 읽기 시작했다.

누군가 권해준 책을 읽기 시작했다. 한 자, 한 음절, 한 단어씩 읽어 내려갔다. 읽는 속도가 너무 느린 나머지 초조해지기 시작했다. 뿐만 아니라 한쪽 눈(특히 오른쪽 눈)이 다른 쪽 눈을 가리는 것 같았다. 한쪽 끝에만 초점을 맞출 수 있고, 한 번에 한 자씩만 볼 수 있었다. 나는 책 속에서 잊어버렸던 글자나 단어를 가능한 한 빨리 찾아내려고 노력했다. 그러나 어떤 글자나 단어를 읽다가 중단했는지 잊어버리곤 했다.

지난 몇 달 동안 신문이나 책을 읽는 것이 훨씬 더 힘들어졌다. 도대체 시간이 지날수록 더 많은 문제에 부딪히는 이유가 뭐지? 책을 읽을 때마다 한 장章의 절반도 읽기가 어려웠다. 태양이나 달과 같은 특정 낱말을 기억하는 데 시간을 투자했더라면 훨씬 더 수월하게 책을 읽었을지도 모른다.

몇 년이 흘렀고, 나는 글자들을 기억한 다음 한 글자와 다음 글자를 연결하고 그 글자들을 까먹지 않으려고 노력하면서 읽기를 계속했다. 그러나 시간이 갈수록 나의 문제는 더욱 심각해졌고 더 많은 장애물이 나타났다.

나는 지난 몇 년 동안 읽기를 배우면서 여러 가지 어려움에 부딪쳤고, 읽는 속도는 날이 갈수록 느려졌다. 뿐만 아니라 글자가 시야에서 빠져나가는 경우가 점점 더 많아졌다. 한번은(1967년 5월 2일) 글자 하나를 보고 있었다(처음에는 왼쪽 눈으로 그 다음에는 오른쪽 눈으로). 그때 나는 오른쪽 눈으로는 글자를 볼 수 없다는 사실을 알게 됐다. 글자가 너무 작아서(시력이 정상에 가까웠던 왼쪽 눈으로 보는 것보다 두세 배는 더 작아 보였다) 그것이 무슨 글자인지 알 수 없었다. 너무 흐리고 작아서 글자를 쳐다보는 것 자체가 너무 고통스러웠다.

그는 읽기를 배우기 위해 엄청난 노력을 기울여야 했다. 읽기를 배웠으니 쓰는 것은 좀 더 쉽게 배울 수 있지 않았을까?

읽기보다 쉬운 쓰기

처음에 쓰기는 읽는 것만큼이나 어려웠다. 어쩌면 훨씬 더 어려웠는지도 모른다. 그는 연필 쥐는 법은 물론 글자 쓰는 법도 잊어버려서 아무것도 할 수 없을 만큼 무기력한 상태였다.

나는 연필 사용하는 법을 잊어버렸다. 연필을 꽉 쥐고 앞뒤로 비틀어봤지만 단 한 글자도 쓸 수 없었다. 선생님은 연필 잡는 법을 가르쳐준 다음 뭐든 써보라고 말했다. 그러나 연필을 잡고 한 일이라곤 종이 위에 울퉁불퉁한 선 몇 개를 그은 것이 전부였다. 나는 연필과 종이를 바라보다가 마침내 종이 위로 연필을 가져갔다. 그렇지만 종이 위에 무엇을 썼는지 혹은 그렸는지 도무지 분간할 수 없었다. 알파벳을 배우지 않은 어린 꼬마의 낙서 같았다. 그 모양이 우습기도 했지만 내가 그런 짓을 했다는 사실이 이상했다. 왜 그랬을까? 한때 글을 읽는 것도, 쓰는 것도 제법 잘했고 또 빨리 하지 않았던가? 이 모든 것이 꿈이라고 생각했다. 그러나 단지 내 생각일 뿐이다. 또다시 나는 예의 멍청한 표정으로 선생님을 바라봤다.

그러나 어느 날 우연히 발견한 사실 하나가 전환점이 되었다. 그 사실은 글쓰기가 굉장히 간단하고 쉽다는 것이었다. 그는 처음 글씨를 배우는 어린아이들처럼 글쓰기를 배웠다. 글자를 쓰기 위해서 한 글자 한 글자씩 머릿속으로 그려야만 했다. 그는 20여 년간 글을 쓸 줄 알았고, 어릴 때도 글자 한 자를 적기 위해 어디부터 써야 할지 생각할 필요는 없었다. 성인들에게 글쓰기는 자동화된 기술이고 내면에 숨겨진 움직임이며, 나는 이것을 '동적인 선율'이라고 부른다. 그렇다면 왜 그는 이미 가지고 있는 기술을 사용하기 위해 애를 써야 하는 것일까? 부상 때문에 시각 및 공간 분별력을 상실했을 뿐 '운동 기능'은 여전히 온전한데, 이런 어려움을 겪는 이유는 무엇일까?

그는 이날을 분명하게 기억했으며, 자신의 일기에 자주 언급했다. 아주 간단한 발견이었지만, 그것이 그의 삶을 송두리째 바꿔 놓았다.

처음에는 글쓰기 역시 배우기가 쉽지 않았다. 글자를 알고 있다고 생각했지만 어떻게 써야 하는지 기억이 나지 않았다. 한 글자를 떠올려야 할 때마다 알파벳을 처음부터 암송해야 했다. 어느 날

나는 물론 다른 환자들에 대해 잘 알고 있는 의사 한 명이 종이에서 손을 떼지 말고 무의식적으로 글씨를 써보라고 말했다. 나는 어리둥절해져서 시작도 하기 전에 어떻게 해야 하는지를 거듭 물었다. 결국 나는 연필을 잡고 '피'라는 뜻의 'krov'라는 낱말을 몇 차례 반복한 다음 재빨리 종이에 그것을 썼다. 여전히 읽는 것은 어려웠기 때문에 내가 무슨 낱말을 썼는지 알 수 없었다.

그는 이런 방식으로 낱말 쓰기를 시작했으며, 더 이상 글자를 한 자씩 떠올리기 위해 머리를 쥐어짜거나 어떻게 써야 하는지 기억하기 위해 애를 쓰지 않아도 됐다. 그는 무의식적으로 글씨를 쓸 수 있게 됐다.

내가 무의식적으로 쓸 수 있는 낱말들이 상당히 제한되어 있다는 사실을 알게 됐다. 다시 말해 짧은 단어들은 별생각 없이 자연스럽게 쓸 수 있지만 정리나 배열이라는 뜻의 'rasporyadok'나 '악어'라는 뜻의 'krokodil'과 같은 긴 단어는 그럴 수 없었다. 그러나 의사가 무의식적으로 신속하게 글을 쓸 수 있는 방법을 알려준 뒤부터 나는 한 낱말 다음에 또 다른 낱말을 자연스럽게 받아 적을 수 있게 됐다. 나는 'rasporyadok'처럼 훨씬 길이가 긴 단어들과 마주치게 되면, 그것들을 음절 단위로 분절했다. 이렇게 할 수 있는 것만 해도 나에겐 엄청난 발전이었으며, 기억력을 향상시키는 데 크게 도움이 됐다. 나는 그 의사 선생과 담당 치료사 O. P.가 더없이 고마웠다. 3개월 후 내가 K에 도착했을 때, 이미 이런 방식으로 글씨를 쓸 수 있었다. 그렇지만 내가 무엇을 썼는지는 여전히 알아볼 수 없었다.

이러한 깨달음 덕분에 해가 갈수록 두드러지는 결과가 나타났다. 자신이 쓴 글씨를 해독하면서 어려움이나 실수, 문제점을 겪었지만 글씨를 쓸 수 있게 됐다. 그것은 굉장히 의미 있는 일이었다.

6개월간 강도 높은 훈련을 받은 후 나는 읽고 쓸 줄 알게 됐다. 읽기에 비해서 쓰기는 훨씬 빨리 배울 수가 있었다(현재 나는 부상을 입기 전처럼 글씨를 잘 쓸 수 있다). 그렇지만 읽기는 썩 잘하지 못한다. 여전히 낱말들을 음절 단위나 한 글자 한 글자씩 끊어서 읽어야 한다. 나의 읽기 능력은 여전히 그 수준에서 벗어나지 못하고 있다.

그러나 자연스럽게 글씨를 쓸 줄 알게 됐으며, 일단 한 낱말을 기억하면 빠르고 수월하게 쓸 수 있다. 물론 가끔 첫 글자를 떠올리기 위해 머뭇거리는 경우가 있지만, 낱말을 쓰는 데는 별문제가 없다. 그렇지만 글자를 까먹거나 'k'와 'kh,' 'z'와 's'처럼 소리가 비슷한 글자들을 헷갈리는 경우가 있다. 또는 한 낱말 안의 글자를 이미 사용된 글자로 바꿔서 'zoloto' 대신 'zozoto'로 쓰게 된다. 뿐만 아니라 구두점 사용법을 잊어버렸기 때문에 찍지 않는 경우가 많다. 한 문장이 끝나면 마침표를 찍어야 한다는 것은 기억하고 있지만, 내가 쓰는 문장들은 대부분 대여섯 개의 단어를 '그리고'나 '그러나'와 같은 접속사로 연결한 짧은 것이다. 그래도 내가 쓴 글씨를 읽고 이해하는 것이 여전히 어렵다.

읽을 때 겪는 어려움은 줄어들지 않았다. 그는 낱말을 한 글자 혹은 음절로 나눠서 천천히 읽었다. 그러나 시각 기능을 제어하는 대뇌피질 일부가 심하게 손상됐기 때문에 매번 새로운 어려움에 직면하곤 했다. 그런데도 그는 자연스럽게 글씨를 쓸 수 있게 됐다. 물론 자신의 의사를 표현하기 위해 적절한 낱말을 찾아 머리를 쥐어짜야 했다.

나는 현기증이라는 뜻의 'golovokruzheniye'와 같은 낱말을 보면 그 뜻을 이해하지 못한다. 알파벳을 한 번도 본 적이 없는 어린 아이에게는 낱말을 구성하는 모든 글자나 그 일부분이 아무 의미가 없듯이 나에게도 그러했다. 그렇지만 곧 머릿속에서 무엇인가 움직이기 시작한다. 나는 첫 글자 'g'를 보고 그것을 어떻게 발음하는지 생각날 때까지 기다린다. 그런 다음 두 번째 글자인 'o'로 가서 음절 전체를 발음해본다. 그런 다음 첫 번째 음절과 두 번째 음절을 연결시켜본다('go-lo'). 재빨리 다음 글자인 'v'에 시선을 두었다가, 그 다음 글자인 'o'를 본다. 'o'를 보고 있는 동안, 왼쪽에 있던 두 글자들이 시야에서 사라진다. 즉, 나는 'o'와 그것을 중심으로 왼쪽에 있는 글자 두 개밖에 볼 수 없다. 맨 앞쪽의 두세 글자(go-l)는 더 이상 눈에 들어오지 않는다. 좀 더 정확히 말하면, 나는 모든 사물을 희미하게만 볼 수 있다.

그는 머리 부상 때문에 경험하게 된 끔찍한 혼돈의 세계와 잃어버린 것을 되찾기 위해 쏟아 부은 자신의 노력을 상세히 기록하는 일기를 쓰기로 마음먹었다.

끔찍한
머리 부상에 관한
이야기

그는 25년간 자신의 생각을 표현하는 데 적절한 낱말을 찾으면서 매일매일 일기를 썼다. 단 반 쪽 쓰는 데 하루 종일 걸릴 때도 있었다. 그는 자신의 일기를 '끔찍한 머리 부상에 관한 이야기'라고 불렀지만 나중에는 '끝나지 않은 나의 싸움'으로 바꿨다. 일기를 쓰는 작업은 그를 끝없는 절망의 나락으로 떨어뜨렸지만, 한편으로 글을 쓰게끔 했던 희망이 쓰러진 그를 일으켜 세워주었다.

그는 빠르고 무의식적으로 글자 쓰는 법을 익혔지만, 생각을 글로 표현하는 것과는 별개의 일이었다. 자신의 생각을 쓰기 위해 적절한 낱말들을 찾았지만 쉽게 떠오르지 않았다. 그는 생각을 전달할 만한 문장을 만들기 위해서 머리를 쥐어짜야 했다. 처음에 문장을 어떻게 시작해야 할지, 문장과 문장은 어떻게 연결해야 하는지 몰랐다. 그는 일주일 내내 끙끙거리다가 선생님께 질문하고, 스스로 적절한 낱말을 찾아내기 위해 온갖 노력을 기울였다.

내가 뭘 쓰고 싶어 하는지, 그리고 그것을 어떻게 쓸 것인지 생각하는 데만 몇 주가 걸렸다. 그러나 내 머리로는 적절한 표현을 찾을 수 없었다. 편지를 어떻게 쓰는 건지 기억해내려고 애썼다. 주로 처음에 무슨 말로 시작해야 하는지 고민했다. 편지 쓰는 법을 알기 위해 사람들에게 물어보고 책도 찾아봤다. 그렇지만 무슨 이유에서인지 편지를 시작할 수 없었고, 그렇게 며칠 동안 걱정했더니 머리가 깨질 것처럼 아파왔다.

내가 얼마나 혼란을 겪었는지는 가족에게 보낸 편지를 보면 알 수 있다. 병원에 입원해 있던 나는 고향에 있는 가족에게 편지를 보내면서 마지막 인사말에 "카자노프카Kazanovka에서"라고 썼다. 식구들은 그것을 읽고 내가 매우 심각한 부상을 당했다고 생각하고 큰 충격을 받았을 것이다.

어떻게 써야 할지 몰랐기 때문에 내가 쓴 편지는 몇 장 되지 않는다. 늘 그랬듯이 별생각 없이 자연스럽게 쓰고 싶었지만, 때때로 내가 쓴 것을 읽을 수도, 이해할 수도 없었다. 또한 문장을 연결하기 위해 사용했던 동사들 때문에 혼란을 겪었다. 짧은 편지한 장을 쓰는 데도 시간이 엄청나게 걸렸다. 이해할 수 없는 힘 때문에 어머니에게 짧은 편지조차 보낼 수가 없었다. 아픈 머리를 쥐어뜯으며 편지 한 장을 쓰는 데 하루 종일 때로는 일주일 이상이 걸리기는 했지만, 결국에는 편지를 쓸 수 있을 정도가 됐다. 나는 친구에게 편지를 보내기 위해 머리를 쥐어짜야만 했다. 그렇게 하고 나면 피곤이 쉽게 찾아왔고 머리도 제대로 돌아가지 않았다.

편지를 쓰는 대신 초등학교 2학년짜리 아이들에게나 읽어줄 법한 짧은 이야기를 읽고 그것을 다시 말한다고 생각해보자. 물론 보통 사람들에게는 굉장히 쉬운 일이다. 이미 제시된 표현이 있기 때문에 이야기를 시작하려고 적절한 낱말을 찾을 필요가 없다. 그렇지만 이 쉬운 일조차 그에게는 쉽지 않았다. 낱말의 뜻이 분명하고 전달하려는 내용도 친숙한 것이었지만, 낱말을 자유자재로 구사할 수 없는 상황에서 그가 어떻게 문장을 시작할 수 있을까? 문장도 어려울 수 있고, 이러한 문장을 만들기 위해서는 구두점 사용법과 문법적인 구조에 대해 잘 알고 있어야 하기 때문에 그에게는 꽤 어려운 일일 수 있다. 그는 생각나는 모든 구와 절을 분해한 다음, 적절한 낱말을 선택해서 문장을 만들었다.

이번엔 읽은 이야기를 다시 말하는 것이 아니라 그가 겪은 일을 묘사해야 한다고 생각해보자. 그가 써야 하는 이야기는 자신이 당한 끔찍한 머리 부상에 대한 것이다. 자신의 세계가 완전히 해체된 한 사람이 겪게 되는 지속적인 문제들을 정확하게 설명하고 이해하기 위해서는 자신의 장애, 과거와 현재의 삶을 자세하게 써야만 한다. 당연히 이 일은 그에게 가장 어려운 일이었다. 드문드문 떠오르는 기억의 조각들을 짜 맞춰서 이야기가 자연스럽게 이어지도록 해야 했다. 가장 어려운 일은 사물이나 사건을 논리적으로 설명할 수 있는 문장들로 이야기를 만드는 것이었다. 이 일을 해내는 것은 거의 불가능해 보였지만, 그는 이 힘들고 엄청난 일을 성공적으로 해내리라고 자신했던 것 같다.

나는 글을 쓰기 시작했다. 일기에 여러 병원에서 보낸 시간들을 적어보기로 했다. 처음에 그 시기들은 내가 가진 유일한 사실이었다. 송두리째 고장 나버린 기억력으로 무엇이든 기억해내려 애썼으며, 작가처럼 그 이야기들을 사실대로 써 내려갔다. 글을 쓰기 시작했을 때, 어휘력도 없고 글을 잘 쓸 수 있을 정도의 사고력도 남아 있지 않기 때문에 할 수 없다는 사실을 깨달았다. 처음 발작이 어떻게 시작됐는지에 대해 써야겠다고 어렴풋이 생각했지만, 필요한 낱말이 떠오르지 않았다. 머릿속에서 낱말을 찾아내려고 애썼지만, 딱 맞는 어휘를 찾는 데 너무 오래 걸렸다. 내가 하고 싶은 말에 가까운 낱말들을 기억해내려고 노력했다. 그렇지만 이렇게 낱말을 선택한 후에도 어떻게 문장을 만들어야 할지 몰라서 글을 쓸 수 없었다. 그래서 책에서 읽은 문장과 비슷해질 때까지 마음속으로 한 문장을 거듭 손질해야만 했다.

글을 쓰는 일은 정말 어려웠다. 나는 부상을 입은 순간과 부상 이후 지금의 장애가 시작된 시기에 대해 어떻게 써야겠다는 아이디어가 있었다. 좋은 생각이 떠올랐다. 그 아이디어를 묘사할 만한 적절한 어휘들을 찾기 시작했고 마침내 두 낱말을 찾아내는 데 성공했다. 그러나 세 번째 어휘를 찾았을 때, 더 이상 앞으로 나갈 수 없었다. 나는 머리를 쥐어뜯으며 그것이 무엇이었는지 기억해내려고 안간힘을 썼다. '잠깐만, 그게 뭐였더라?' 공책에 적기도 전에 앞서 찾아두었던 두 개의 낱말은 물론 조금 전에 찾은 낱말까지도 머릿속에서 사라지고 없었다. 그래서 또 다른 아이디어를 생각해내려고 머리를 짜냈고 적당한 낱말을 찾기 위해 노력했다. 본격적으로 글을 쓰기에 앞서 머릿속으로 떠올린 어휘들을 여러 장의 메모지에 적어두었다. 나는 표현하려는 생각을 최대한 잘 전달해줄 어휘들을 찾아내기 위해 노력했다. 그 과정은 고문이나 다름없었다. 내가 쓰고 싶은 것이 무엇이었는지, 불과 1분 전만 해도 기억하고 있었던 것을 항상 잊어버렸다. 시간이 흐를수록 잊어버리는 어휘의 수도 더욱 늘어났다.

이야기를 본격적으로 쓰기에 앞서, 사물의 이름, 사건, 현상, 아이디어와 관련된 다양한 어휘들을 하나하나 메모하기 시작했다. 머리에 떠오르는 어휘들은 모조리 종이에 적어두었다. 그런 다음 이렇게 수집한 어휘와 문장, 아이디어들을 바탕으로 어휘와 문장을 재배열하고, 이 문장과 책에서 본 문장들을 비교하며 공책에 이야기를 써 내려가기 시작했다. 마침내 가까스로 병에 관한 이야기를 담은 한 문장을 쓰는 데 성공했다.

나는 문장이 말이 된다고 확신이 들면 그것을 메모장에 기록했다. 그리고 그 문장이 듣거나 읽어도 어색하지 않다고 생각되면 그것을 공책에 옮겨 적었다. 그러고 나서 다음 문장을 만들고, 내게는 어려운 일이었지만 매번 적어놓았던 것을 다시 읽었다(적어둔 것을 한 글자씩밖에는 읽을 수 없었다). 그러나 이런 방식으로 몇 문장을 적을 수 있었다. 나는 다음 문장을 쓰기 전에 써놓은 문장 두세 개를 읽어봐야 했다. 그렇게 해야만 다음 문장에서 무슨 말을 할지 알 수 있었기 때문이었다. 기억력이 매우 나빴기 때문에 그렇게 하지 않으면 더 이상 계속해서 쓸 수 없었다.

나에 관한 글을 쓰면서도 같은 부분을 반복해서 읽고 또 읽어야 했다. 내가 이미 무슨 말을 썼는지, 앞으로 무슨 말을 하고 싶은지 늘 기억하지 못했기 때문이었다. 또한 중요한 것을 잊어버리는 경우가 잦았다.

나는 한 번에 많은 것을 생각할 수 없다. 그렇기 때문에 얼마 안 되는 아이디어들이 머릿속에서 빠져나가지 않도록 많은 노력을 기울여야 했다.

어머니와 누이가 직장에 가고 없는 아침부터 오후 5시까지 내 병에 관한 이야기를 썼다. 두 사람이 돌아오면 더 이상 글을 쓸 수 없었다. 아파트가 좁아서 소음이나 식구들의 대화가 글쓰기를 방해하기 때문이었다. 나는 혼자 있을 때만 글을 쓸 수 있었다.

때로는 한 쪽을 메우기 위해 일주일 혹은 2주일간 책상에 앉아 있어야만 한다. 오랫동안 생각을 정리하면서 무슨 말을 하고 싶은지 생각하고 여러 가지 글을 비교하면서 어떻게 생각을 전달할 것인지 결정한다.

　이 이야기가 너무나 쓰고 싶었기 때문에 사력을 다해 이 작업에 몰두했다. 그러나 머리 부상과 힘겨운 글쓰기 작업 때문에 병이 나고 말았다. 이야기를 쓰는 일은 내게는 너무나 큰 부담이었다(그것은 지금도 마찬가지이다). 나는 집착하듯이 이 작업에 몰두했다.

몇 년에 걸친 힘겨운 작업이 시작됐다. 그동안 자신의 생각을 표현하는 작업은 전혀 쉬워지지 않았다. 그렇지만 그는 이 힘겨운 작업을 순순히 받아들이고 하루 종일 책상 앞에 앉아 낱말을 찾고 그 뜻을 이해하고 잊어버리지 않도록 문장으로 만들었다. 이렇게 해서 하루 종일 고작 열 줄을 쓰는 날도 있었고, 가끔 한 쪽을 쓰기도 했다.

　3년째 되던 해, 나는 이야기에 몇 가지 일화를 더해서 다시 쓰기로 결심했다. 이 시기에 머리가 이전보다 더 느리게 돌아간다는 사실을 깨달았다. 때로는 하루에 반 쪽도 쓰지 못했다. 다음번에 무엇을 쓰면 좋을지에 대해 하루 종일 생각해도 아무 생각도 떠오르지 않았다. 무엇을 쓸 것인지 며칠씩 생각했지만 단 한 줄도 쓰지 못하기도 했다. 나에게는 재능도, 기억력도, 생각도, 참신한 아이디어도 없는 것 같았다. 그것들은 머릿속에서 빠져나가 망각이라는 깊은 심연에 묻혀버렸다.

무슨 이유에서인지 이야기의 끝부분을 쓰는 데 몇 달이나 걸렸고, 도저히 끝낼 방법이 없어 보였다. 나는 이 이야기를 3년 만에 끝내기 위해 노력했다. 그러나 해를 거듭할수록 글쓰기와 나에게 일어났던 일을 기억해내는 작업이 점점 더 어려워졌다. 머릿속은 안개가 낀 것처럼 더욱 흐릿해졌고, 과거와 현재의 세세한 이야기들은 기억나지 않는다.

그러나 포기하지 않고 반드시 이 작업을 끝마치고 싶다. 여전히 하루 종일 책상 앞에 앉아 진땀을 빼며 어휘 하나를 선택하기 위해 고심한다. 그렇지만 하고 싶은 말이 기억나도 그것을 표현할 방법을 알지 못한다. 가끔 책상에서 일어날 때, 갑작스레 현기증을 느끼기 때문에 의자를 붙잡아야 한다. 의자, 책상, 아파트 건물이 몇 차례 거꾸로 섰다가 제자리로 돌아오는 것처럼 머리가 빙빙 돈다. 물론 하루도 빼지 않고 글을 쓰는 것은 아니다. 하루 종일 글을 쓴 다음 날(혹은 2~3일간)에는 머리가 너무 아파서 하루 종일 침대에 누워 있어야만 한다(누워 있어야 두통이 덜하기 때문이다). 가끔은 집 안을 서성거리며 작업하기도 한다.

몇 년이 흘렀다. 책상 위에는 그가 쓴 공책이 쌓여갔다. 처음엔 그가 직접 노란 종이로 묶어서 만든 얇은 공책들이, 첫 번째 원고를 끝내고 난 후에는 회색 공책들이 책상 위에 차곡차곡 쌓였다. 나

중에는 커버가 방수포로 된 굉장히 큰 공책으로 바뀌었다. 1천 쪽
정도 썼을 무렵, 그리고 또다시 1천 쪽을 마쳤을 때 그는 좀 더 적
절하고 완벽한 표현을 찾기 위해 다시 처음부터 글을 쓰기 시작했
다. 그는 전쟁이 끝나기 전부터 다시 쓰기 시작해서 25년간 그 이
야기를 계속하고 있다. 세상에 어떤 사람이 25년간 3천 쪽짜리
문서를 작성하는 힘든 작업을 할 수 있을까? 그것도 자신은 읽을
수 없는데 말이다. 과연 그는 무슨 이유 때문에 이 작업을 계속해
온 것일까? 도대체 무엇 때문에?

살아가는 이유

그는 여러 차례 스스로에게 이 질문을 던졌다. '도대체 이 힘든 작업을 하는 이유가 뭐지? 꼭 그럴 필요가 있는 거야?' 결국에는 제대로 할 수 있는 일이 거의 없었기 때문에 그 일을 할 수밖에 없다고 생각했다(그는 집안일을 거들 수도 없고, 산책을 나갔다가 길을 잃어버리기 일쑤였으며, 책에서 읽거나 라디오에서 들은 말을 이해하지 못하는 경우도 많았다). 이 모든 것들이 능력 밖의 일이었다. 그러나 조금씩이나마 과거의 단편적인 기억들을 조합하고, 그것을 이야기로 배열하고, 그가 경험한 일과 바람을 하나의 관점으로 구성할 수 있었다. 이것은 그가 할 수 있는 일이었다. 그래서 자신의 삶을 쓰는 일기는 그에게 살아야 하는 이유가 되었다. 그것은 삶과 이어주는 끈이자 과거의 '자신'으로 되돌아갈 수 있다는 희망이라는 점에서 꼭 필요한 것이었다. 생각할 수 있는 능력을 기른다면, 여전히 쓸모 있는 인간으로서 성공적인 삶을 살 수 있을 것이다. 그러므로 과거를 되살리는 일은 미래를 약속하는 방법이

었다. 바로 이것이 이 힘든 작업을 시작하고 그토록 오랜 시간을
들여 잃어버린 기억을 찾으려고 노력하는 이유였다.

또한 그는 이 작업이 다른 사람들에게도 도움이 될 것이라고
생각했다. 총알 파편이 한 인간에게 어떤 끔찍한 결과(한 인간의
기억을 없애버리고, 과거와 현재뿐 아니라 미래의 가능성을 앗아가
버린다는 사실)를 가져다줄 수 있는지 사람들이 알게 되면, 그들
이 가진 것이 얼마나 많은지 깨닫고 감사하게 될 것이라고 생각했
다. 이러한 사실은 굉장히 힘든 일임에도 불구하고 일기 쓰는 것
을 포기할 수 없게끔 하는 이유이기도 했다.

이 글을 쓰는 이유는 내가 어떤 사람이었는지, 그리고 잃어버린
기억을 되찾기 위해 애쓰고 있는 지금의 나는 어떤 사람인지 보여
주고 싶기 때문이다. 내게 이 작업은 표현할 수 없을 정도로 힘든
싸움이다. 라디오를 듣고, 책을 읽고, 사람들과 이야기를 하고, 어
휘, 구, 문장을 수집해서 1944년에 말하고 싶었던 것들을 이야기
하려고 노력하고 있다. 그 끔찍한 머리 부상 이후 나는 아무것도
할 수 없었다. 문법책은 물론 물리학에 관한 책도 읽을 수가 없다.

그래서 글을 쓰기 시작했다. 글쓰기에 몰두한 나머지 산책하거
나 극장에도 갈 수가 없었다. 그저 책상 앞에 앉아 이야기를 쓰기
위해 노력할 뿐이었다. 사라져버린 과거의 기억을 파헤치고, 나로
서는 떠올리기 힘든 어휘와 생각을 기억해내기 위해 안간힘을 썼

다. 몇 개월간 기억 속에 흩어진 낱말을 한데 모으고, 생각을 정리한 다음 공책에 적었다. 그것이 글을 쓸 수 있는 유일한 방법이며, 여전히 그 방법으로 글을 쓸 수밖에 없다.

이 작업은 그의 인생에서 가장 중요한 일이자 생존의 이유가 됐다. 그는 자신의 이야기를 쓰고, 병을 극복하고, 망가진 삶을 다시 일으켜 세우고, 다른 사람들처럼 평범한 인간이 되기 위해 반드시 살아야만 했다.

하루에 한 가지씩 나의 이야기를 써 내려가면서(한 번에 아주 조금씩이었지만) 다른 사람들에게 이 병에 대해 알리고 동시에 내가 이 병을 극복할 수 있기를 바랐다.
이미 3년 동안이나 나의 병에 대해 쓰고 있다. 나 자신에 대해 쓰고 관찰하는 것이 내가 사고하고 무엇인가를 계속해가는 나만의 방식이다. 나는 이 일로 위안을 얻기 때문에 이 작업을 계속한다. 반복하고 반복해서 다시 쓰면서(지난 몇 년간 이 글을 몇 번이나 다시 썼는지 모르겠다), 언어 구사력이 많이 좋아졌다. 이전에 비해 말을 더 잘할 수 있으며, 머리 부상 때문에 두서없이 흩어져 있던 어휘들을 예전보다는 수월하게 기억해낼 수 있다. (생각하기와 글쓰기를 통해서) 나 자신을 단련시켰으며 이제는 대화를 나눌 수 있을 정도로까지 상태가 좋아졌다. 적어도 간단하고 일상적인 일에 대해서는 이야기를 나눌 수 있을 정도이다.

일기를 쓰는 작업은 생각이라는 것을 할 수 있는 유일한 방법이다. 내가 이 공책을 덮고 글 쓰는 것을 포기한다면, 아는 것이 아무것도 없는 공허한 기억 상실의 상태, 정신적인 사막으로 되돌아가게 될 것이다.

만약 내 병에 대해 좀 더 세세하게 설명하고 그 증상들을 기록할 수 있다면, 의사들이 나를 이해할 수 있을지도 모른다고 생각했다. 그래서 그들이 나와 내 병을 이해할 수 있다면, 그 병을 고쳐줄 수 있을 것이라고 확신했다. 그러나 병원에 있는 동안 의사들에게 나를 괴롭히는 것이 무엇인지 말할 수 없었다. 어쩌면 의사들에게 자세하게 설명해주지 않았기 때문에 내가 아프다는 것을 아직도 그들은 모르고 있는지도 모른다.

내가 이 글을 쓰는 또 다른 이유는 기억력을 향상시키고 실어증을 극복하고 싶기 때문이다. '내 질병에 관한 이야기'를 쓰는 작업은 무엇보다도 기억력과 어휘 구사력을 향상시키는 데 도움을 준다. 이것은 부인할 수 없는 엄연한 사실이다. 뇌와 기억이 어떻게 작동하는지에 대해 연구하는 과학자들(심리학자, 신경학자, 다른 분야의 의사들)에게도 내 글이 큰 도움이 되리라 생각한다.

그는 자신의 파멸을 설명하면서 비극적인 기록뿐만 아니라 상당히 귀중한 정보도 제공해주었다. 사건을 기술하는 데 직접 본 목격자 또는 사건의 당사자나 피해자보다 더 잘 말할 수 있는 사람이 또 누가 있겠는가? 질병의 희생자로서 그는 자신이 앓고 있는 병을 계속 조사하고 관찰했다. 그의 기록은 놀라울 정도로 명확하고 자세했다. 한 걸음 한 걸음 그를 따라가면, 인간의 뇌와 관련되어 풀리지 않는 몇 가지 수수께끼를 해결할 수 있을지도 모른다.

1분짜리 기억력

자세츠키를 가장 괴롭혔던 것은 해체되고 붕괴된 '괴상한' 기억이었다. 그것은 재앙에 가까워 보였다.

부상을 당한 직후에 자신이 글을 읽을 수 없다는 사실을 알기 전, 그는 아무것도 기억할 수 없었다. 그는 사람들의 말을 이해할 수 없었고 단 한 마디도 기억해낼 수 없었다. 자신의 이름과 성을 기억해내려고 했지만, 기억이 나지 않았다. 사실 그는 말할 수 있고 어휘들을 쉽게 반복할 수 있는 것처럼 보였지만, 의식적으로 기억해낼 수는 없었다. 그는 간단한 질문을 받을 때에도 매번 이 문제에 부딪혔다. 머릿속이 텅 빈 것 같았고, 적절한 어휘를 기억해내려고 애써야만 했다. 그는 인간 고유의 특징인 언어 구사력을 상실했다. 인간에게 '언어 기억'의 상실보다 끔찍한 일이 있을까? 그는 애초부터, 그러니까 야전병원에 있을 때부터 그 사실을 인식하고 있었다.

점심을 먹고 난 후 다른 환자들이 잠을 자러 갔을 때, 나는 갑자기 용변이 보고 싶어졌다. 좀 더 노골적으로 말하자면 나는 변기가 필요했다. 그렇지만 '변기'라는 낱말이 떠오르지 않아서 간호사를 불렀다. 어떻게 된 영문인지 여러 차례 그 낱말을 들었고 혼자서 반복해봤는데도 그 낱말이 떠오르지 않았다. 그날 밤 변기라는 단어를 떠올려야만 했을 때, 그렇게 할 수 없었다. 낱말을 기억해 내려고 하면 언제나 막히곤 했는데, 이번에는 변기라는 단어가 도무지 떠오르지 않았던 것이다.

나는 그 간호사가 또 지나가는 것을 보고 변기를 가져다 달라고 말하고 싶었다. 나는 그녀의 시선을 끌기 위해 이렇게 말했다. "저, 그걸 뭐라고 부르죠? 저도…… 그, 그게 필요한데요." 그러나 변기라는 말을 기억해내려고 애쓰는 동안 간호사는 가고 없었다.

그때 그 간호사가 다른 환자에게 변기를 가져다주려고 다가오는 게 보였다. 그토록 간절히 원하던 변기를 뚫어지게 바라보다가, 그 간호사를 '누나'라고 부르며 소리쳤다. 그때 느닷없이 내 머릿속에 떠오른 단어가 누나였다. "누…… 우나! 나도 그, 그게 필요해요." 변기라는 단어를 기억해낼 수는 없었지만 다행히 간호사는 내 말을 알아듣고 곧 변기를 가져다주었다. 간호사가 변기를 치울 때 갑자기 단어가 생각나서 '변기'라고 발음했다. 그 단어가 떠올랐을 때 안도의 한숨을 쉬었다. 몇 분 후 그 낱말을 떠올려보려고 애썼지만 그럴 수 없었다. 정말 이상한 일이다. 왜 이런 문제가 발생하는지 도저히 이해할 수 없었다.

　나는 특정 단어가 필요해지기 전에 그 단어를 머릿속으로 떠올리려 노력했다. 그리고 머릿속에 떠오르는 낱말들을 연습해봤다. '의사선생님? 아니, 그게 아니잖아! 누나?(나는 '간호사'라는 호칭이 생각나지 않아서 '누나'라는 호칭을 대신 사용했다.) 요강. 아니래도! 그건 변기잖아!' 그때 갑자기 '변기' 대신 '요강'을 써도 된다는 사실이 기억났다.

　어쩐 일인지 내가 살고 있는 곳의 지명이 생각나지 않았다. 어떻게 고향이 생각나지 않을 수 있을까? 혀끝에서만 맴돌 뿐, 한 시간, 두 시간, 아니 하루가 다 가도록 기억나지 않았다. 옆 침대의 동료가 기억을 돕기 위해 여러 지방과 도시, 마을의 지명을 불러대기 시작했다. 나는 그가 불러준 것을 듣고는 가족이 살고 있는 지방이 '툴라'라는 것을 기억해냈다. 나는 툴라를 알아냈다는 사실에 안심했다. 동료는 내가 툴라 출신이라는 말을 듣고 몹시 기뻐했다. 그는 자신도 그곳에서 살고 있다고 말했다.

　뿐만 아니라 이 친구가 여자 이름을 불러주기 시작했을 때, 나는 누이의 이름인 '에브게냐Evgenya'를 기억해냈다. 그러자 이 친구는 집에 편지를 보낼 수 있도록 누이의 이름을 쓴 편지 봉투 하나를 내게 건네주었다.

　나는 온종일 오른쪽으로 누워 있거나 잠깐 일어나서 과거의 기억을 끄집어내려고 애썼다. 뭔가를 생각해내려고만 하면 아무것도 기억해낼 수 없었다. 그러나 특별하게 생각하는 것이 없을 때는, 혼자 흥얼거리던 노랫가락과 함께 몇 가지 단어가 떠올랐다.

이것은 지워진 기억을 되살리고, 사람들과 다시 소통할 수 있도록 낱말들을 배우고 잊지 않으려는 필사적인 몸부림의 시작이었다. 처음에는 불가능한 것처럼 보였다. 점차 단어를, 그리고 간단한 구를 기억해내기 시작했다. 이러한 결과가 저절로 생긴 것은 아니었다. 그는 단어들을 기억하고 잊지 않기 위해 엄청난 노력을 기울여야 했다. 한 달 후에 최악의 상황은 끝이 났다. 그는 다시 사람들과 대화할 수 있었다.

나는 한동안 시각적인 상상을 통해 어휘를 조합해보고, 단어들을 잊어버리지 않고 좀 더 자유자재로 기억할 수 있도록 애썼다. 모든 것을 처음부터 시작해야 했으며, 사물을 인식하고 단어와 연결시키기 위해 노력했다. 나는 이 단어들을 어떻게 다시 기억해낼 수 있었는지 모른다. 그러나 차츰 주변의 것들이 기억 속에 서서히 입력되기 시작했다.

부상을 당한 지 한 달이 다 되어갈 무렵, 혹은 두 달째로 막 접어들었을 무렵 나는 어머니, 형, 두 명의 누이들에 관해 많은 것을 기억해내기 시작했다. 물론 즉시 떠오르지는 않았고, 서서히 조금씩 생각났다. 어머니와 형 그리고 누이 한 명에 관한 몇 가지 기억들이 따로따로 기억났다. 자세한 기억은 내가 의식하지 않을 때 갑자기 떠오를 뿐, 의식적으로 기억해내려 하면 생각이 나지 않았다. 두 달이 다 되어갈 때, 같이 입원해 있던 동료 환자 한 명이 나한테 관심을 갖더니 어느 날부터인지 내가 기억하는 것들을 하나하나 받아 적기 시작했다. 느닷없이 출신 지역의 이름이 생각나더니 다음 날, 아니 그 다음다음 날 내가 살고 있는 동네의 이름을 기억해냈다. 그러다가 느닷없이 한 누이의 이름이 떠올랐다. 그 동료는 매번 이런 이름들을 받아 적었다. 마침내 그 친구는 정확한 주소도 모르면서 우리 가족에게 편지를 썼다. 그도 그럴 것이 내가 살던 곳의 주소를 기억하지 못했기 때문이었다. 나는 여전히 어머니(재혼한 남편의 성)와 여동생의 성씨를 기억하지 못한다.

나는 가끔 한 도시의 이름을 기억해내지만 1분이 안 돼서 잊어버리고 만다. 가끔씩 살던 지역의 이름이 생각나지만 그것 역시 얼마 안 가서 감쪽같이 잊어버리고 오랫동안 기억해낼 수 없다.

나는 주변 사람들이 하는 말을 들었다. 이렇게 해서 머릿속은 주워들은 노래, 이야기, 대화들로 서서히 채워졌다. 단어들을 기억해내고 생각할 때 사용하게 되면서, 나는 어휘들을 좀 더 자유자재로 사용할 수 있게 됐다.

처음에는 편지에 쓰고 싶은 단어들이 하나도 생각나지 않았다. 그렇지만 결국 집에 편지를 쓰기로 작정하고 메모에 가까운 짧은 편지를 써서 발송했다. 나는 내가 쓴 글을 전혀 읽을 수 없었으며,

그 편지를 누구에게도 보여주고 싶지 않았다. 편지에 대해 더 이상 생각하지 않기 위해, 또는 편지 때문에 기분이 상하는 일이 없도록 집 주소가 적힌 편지봉투를 풀로 붙여 재빨리 발송해버렸다.

처음부터 그가 문제가 무엇인지 이해했다면 자신의 삶을 견딜 수 없었을 것이다. 대신 그는 기억을 되살릴 수 있는 일이면 무엇이든 하고 싶어 했다. 그래서 과거의 기억을 되살리고 그에게 무슨 일이 일어났는지 분석하고 이해하려고 노력했다. 그는 심리학을 연구하는 학자처럼, 그리고 그 분야에 대해 아주 잘 아는 사람처럼 굉장히 세밀하게 상태를 기록했다. 그는 자신의 문제점과 생각을 나타낼 수 있는 적당한 표현을 찾는 데 온갖 노력을 기울였다. 또한 이 작업을 통해 그의 문제점들을 분석할 수 있는 기회를 우리에게 제공했다. 뿐만 아니라 그는 다른 사람의 도움 없이 오로지 혼자서 이 작업을 해냈다. 그는 노동자들이 주로 모여 살고 있는 키모프스크의 작은 방에 홀로 앉아 있었다.

부상을 당하기 전 내 기억력은 상당히 민첩했으며, 관심 있는 주제에 대해서는 정확히 알고 있었다. 그러나 부상 후 완전히 붕괴된 것 같았다. 부상 후에는 단어를 기억하고 그 뜻을 이해하기까지 상당한 시간이 걸렸다. 사고력은 더 이상 명료하지 않았으며, 단어를 기억하고 그 뜻을 이해하지 못하듯 사물을 정확하게 판단하는 능력도 사라진 것 같았다. 상당히 오랫동안 온갖 노력을 기울인 후에야 생각이 떠오르곤 했다. 아무리 노력해도 아무 생각도 떠오르지 않을 때도 많았다. 내가 알고 있었고 자유자재로 구사할 수 있었던 어휘들 중에 그 의미를 이해하고 있는 것은 거의 없다.

모호하고 이해할 수 없는 이상한 생각들이 느닷없이 머릿속에 떠오르곤 한다. 그러면 그것이 무슨 뜻인지 알아내기 위해 머리를 쥐어짜지만 실패하고 만다. 무슨 말을 하고 싶어도 그것은 능력 밖의 일이었다. 모든 생각과 단어들이 머릿속에서 완전히 빠져나가고 말았다. 몇몇 사물의 이미지가 머릿속에 잠깐 나타났다가 금방 사라지고, 또 다른 이미지가 나타났다가 사라졌다. 무슨 말을 하거나 기억해내려 할 때마다, 적절한 낱말을 찾기 위해 처절하게 몸부림쳐야 했다. 여전히 말을 하거나 깊이 생각하고 싶을 때 특정 낱말이 머릿속에 떠오르지 않는다.

단어나 개념들을 계속해서 기억하지 못하기 때문에 과거에 알았거나 쉽게 이해할 수 있었던 것을 기억해내는 것은 불가능한 일이었다.

이런 증상은 집에서, 산책할 때, 또는 다른 사람들과 이야기할 때도 끊임없이 그를 괴롭혔으며 그를 철저하게 외톨이로 만들었다.

마을 주변을 산책하면서 사물이나 현상을 보게 되면 그것을 가리키는 단어를 생각해내기 위해 언제나 머리를 쥐어짜야 했다. 밖에 놓인 의자에 앉아 아파트에 사는 사람과 이야기(사소한 잡담)를 나눌 때는 그 사람의 이야기를 이해하고 기억하는 일이 조금은 수월하다. 그렇지만 어머니와 누이들과 이야기할 땐, 내가 어떤 행동을 하고 무슨 말을 할 것인지 생각해야 하기 때문에 그들의 말을 이해하고 기억하는 데 좀 더 신경을 곤두세워야 한다. 이때도 가끔씩 단어를 기억하지 못하거나 이해하지 못한다. 뿐만 아니라 무슨 말을 하고 싶었는지 전혀 기억하지 못할 때도 있다. 나는 머릿속 어딘가에 갇혀 있는 그 낱말을 기억할 수 없었다. 식구들은 나에게 질문을 던져서 내가 함께 대화하도록 도와주려고 하지만, 효과가 없을 땐 슬며시 포기하고 만다. 그들은 속으로 이렇게 말하고 있는 것 같다. '이건 다 쓸데없는 짓이야! 자세츠키는 자기가 하고 싶은 말이 무엇인지 기억하지 못할 거야, 절대로!'

나는 들은 것을 금방 잊어버리기 때문에 회의에서 말하는 것이 두렵다. 또한 머릿속이 텅 빈 것 같고, 관련 없는 생각들이 불쑥불쑥 떠오르기 때문에 생각을 조리 있게 정리하는 것이 불가능하다. 이러한 이유 때문에 나는 회의에서 말하는 것을 좋아하지 않는다.

건망증은 거의 구제불능 수준이다. 불쏘시개를 가지러 헛간에 가지만 그곳에 도착해서 헛간 문이 잠긴 것을 보고서야 열쇠를 가지고 오지 않았다는 사실을 깨닫고 열쇠를 가지러 집으로 되돌아온다. 그러나 아파트에 도착했을 땐 헛간 문을 열기 위해 열쇠를 가지러 집으로 돌아왔다는 사실을 기억하지 못한다.

　무슨 이유에서인지 나는 처음에 무슨 요일인지 파악하는 것이 어려웠다. 때때로 그날 아침 혹은 점심으로 무엇을 먹었는지도 기억하지 못했다. 가장 큰 문제점이자 심각한 증상은 건망증과 기억 상실이었으며, 그것 때문에 단어를 기억하지 못한다. 건망증과 기억 상실 때문에 주변의 많은 것들을 기억해낼 수 없다. 지금도 사람이나 동물 혹은 사물을 보고도 그 이름을 어떻게 발음하는지 모른다. 하루가 지나도록 명칭이 생각나지 않을 때도 있다. 다른 사람들과 쉽고 일상적인 표현으로 간단한 대화를 나눌 수는 있지만, 옷장, 서랍장, 블라인드, 커튼, 창틀 등등 방에 있는 물건의 이름을 기억하지 못한다. 사물의 일부를 기억하는 것은 훨씬 힘들다. 나는 내가 본 사물의 이름을 기억하지 못한다. 또한 그 물건들을 어디에 사용하는 것인지 잊어버렸다. 물론 신체 부위 역시 예외는 아니었다.

자세츠키가 기억력을 통제하지 못하는 이유는 무엇일까? 기억이 통째로 지워진 것일까? 아니면 일부만 날아가버린 것일까? 그는 그것이 문제이며, 좀 더 면밀하게 연구해볼 필요가 있다고 생각했다. 그는 기억 중 무엇이 남아 있고 무엇이 완전히 사라졌는지 파악하기 위해서 고고학을 연구하는 것처럼 기억을 파헤치는 고된 작업에 착수했다.

개는 어떻게 생겼지?

그는 자신의 기억 손상이 균일한 패턴이 없다는 사실을 발견하고
놀랐다. 처음에는 아무것도, 심지어 자신이 누구이며, 어디에 있
는지, 고향이 어딘지도 기억할 수 없었다. 그러나 조금씩 과거의
기억들이 되돌아오기 시작했다. 되돌아온 기억은 대부분 학창 시
절, 친구들, 선생님들, 학교에서 보낸 시절처럼 아주 오래전 과거
와 관련이 있는 것이었다. 그는 최근의 일들은 기억하지 못한다.
그가 말한 대로 아주 오래된 기억들이 되돌아왔다.

나는 부상을 당한 직후 몇 주 동안 내 이름과 성, 절친한 친지들의
이름조차 기억할 수 없었다. 시간이 흘러서야 비로소 몇 가지 기
억들이 되돌아오기 시작했다. 이 기억은 대부분이 어린 시절과 초
등학교 시절에 관련된 것이었다. 기억은 안쪽에서 되살아나고 있
었다. 즉, 아주 오래된 기억들이 되돌아오고 있었기 때문에 유치
원이나 초등학교 때 공부하던 건물, 친구들과 했던 놀이, 당시 친

했던 선생님과 친구들의 얼굴처럼 오래된 기억들을 떠올리는 것은 어렵지 않았다. 그러나 최근 일어난 일에 대해서는 전혀 기억하지 못했다. 예를 들면 전방에서의 생활처럼 최근의 일은 전혀 생각나지 않았다.

정말 불가사의한 일이다. 부상을 당하기 직전의 기억들이 가장 풍부하고 생생하게 생각나기 마련인데도 그 기억은 하나도 떠오르지 않고, 기억의 대부분은 어린 시절과 초등학교 시절이 차지하고 있다. 어린 시절 기억을 떠올리는 것이 최근 기억을 생각해내는 일보다 훨씬 쉽다. 따라서 지금 갖고 있는 기억들의 대부분은 그때의 것들뿐이다.

아무것도 하지 않고 앉아 있을 때, 눈앞에는 어린 시절의 모습들이 펼쳐진다. 어린 시절 수영하던 돈 강가와 (툴라 지방의) 에피판 대성당, 클럽 회합에서 친구들과 나눴던 대화 등등.

이러한 이미지들은 단편적인 기억이지만 과거를 기억해내는 데 도움을 주었다. 이런 과거가 상당히 자주 떠올랐기 때문에, 전반적으로 기억력을 회복하는 데 도움을 주었다고 생각한다. 이 모습들은 최근에 찍은 사진을 보는 것처럼 생생했다.

시간이 흐르면서 최근 사건과 관련된 기억들이 생각나기 시작했다. 예를 들면, 기초 군사 훈련을 받았던 센터, 전방에서의 생활, 부상을 당하던 날 공격이 시작됐을 때 자신이 무엇을 하고 있었는지를 기억해냈다. 그렇지만 그 이외엔 아무것도 기억해내지 못했다. 시간이 더 흐르자, 그는 입원했던 병원과 그를 진찰한 의사와 간호사들의 얼굴을 기억했다. 훨씬 더 나중에는 그가 입원했던 다른 병원의 모습도 기억해냈다. 최근에는 우랄 지방의 키제가치 재활병원을 기억해냈다. 그곳은 처음으로 치료사들이 그를 돕기 시작한 곳이었으며, 새롭고 다채로운 경험을 통해 그의 삶이 풍요로워진 곳이었다. 최근에는 키제가치 재활병원과 키모프스크에 대한 기억을 생생하게 설명하기도 했다. 마침내 다른 병원과 요양소에 대한 기억들도 되살아나기 시작했다.

그는 과거 이미지들을 선명하고 매우 세세하게 기억해냈다. 가까스로 이 일기를 쓸 수 있었던 것도 바로 그 때문이었다. 이 기억들은 의도적으로 떠올리려 하면 마음대로 되지 않았다. 그리고 이 문제는 부상 직후에는 훨씬 더 심각했다. 누군가 어떤 물건의 이름을 대면, 그는 곧바로 그 물건의 이미지를 떠올릴 수 없었다. 그가 가까스로 떠올린 이미지조차 선명하지 않았으며 기억 속에 남아 있는 것과 연관조차 잘 되지 않았다.

치료사는 '개'나 '고양이'와 같은 단어를 불러주면서 이렇게 말하곤 했다. "개가 어떻게 생겼는지 그 모습을 상상해봐요. 개의 눈 또는 귀는 어떻게 생겼죠? 어때요, 개의 모습이 보이나요?" 그렇지만 부상을 당한 이후로 고양이나 개 또는 다른 동물들의 모습을 떠올릴 수 없었다. 나는 개를 본 적이 있고 어떻게 생겼는지 알고 있다. 그래도 머리를 다친 이후 그것의 모습을 떠올려보라고 말하면 그렇게 할 수 없었다. 나는 파리나 고양이의 모습을 상상하거나 그릴 수 없었으며, 고양이의 앞발과 귀를 머릿속으로 그릴 수 없었다. 도저히 생각이 나지 않았다.

(눈을 감고 혹은 뜬 채) 사물의 모습을 떠올리려 애써도 그렇게 할 수가 없다. 그것이 사람이든 동물이든 식물이든 모습이 떠오르지 않았다. 때때로 그것과 닮은 모습이 머릿속에 떠오르지만 곧 사라지고 말았다. 내가 실제로 보는 것은 작은 점과 같은 것이다.

어머니와 누이들의 얼굴을 떠올리려 노력했지만 생각이 나지 않았다. 마침내 집으로 돌아가서 가족을 만났을 때, 나는 즉시 어머니와 누이의 얼굴을 알아볼 수 있었다. 그들은 내가 집에 돌아왔다는 사실에 무척 기뻐했으며, 나를 껴안고 입을 맞춰주었다. 그러나 나는 그들에게 입맞춰줄 수 없었다. 어떻게 하는 것인지 잊어버렸던 것이다. 어머니는 나를 껴안고 눈물을 흘리셨다. 어머니는 기쁜 한편 슬퍼서 눈물을 흘렸다. 머리에 부상을 입기는 했지만 한 아들은 살아서 돌아왔고, 다른 아들은 전쟁이 시작된 직후인 1941년에 실종됐기 때문이었다. 어머니와 누이들은 내게 온갖 질문을 퍼부었다. 나는 그들의 질문에 답해주고 싶었지만 어떤 질문에도 대답하지 못했다. 나는 계속해서 두서없이 말을 더듬었다. 한 문장에서 단어 한두 개 정도는 기억할 수 있었지만 나머지는 전혀 기억이 나지 않았다.

　나는 나무판이 어떻게 만들어지는지, 그것으로 무엇을 만들 수 있는지 모른다. 무엇을 보든 아무 의미가 없다. 스스로 이해하거나 새로운 것을 만들 수 없다. 나는 완전히 다른 사람이 됐다. 정확히 말하면 부상을 당하기 전의 '나'와는 정반대의 사람이 되고 말았다.

이후 그의 상태는 다소 좋아졌다. 조금은 기억을 회복한 것 같았고, 과거의 기억은 좀 더 풍부해지고 생생해졌다. 그런데도 그를 둘러싼 세상은 여전히 낯설고 흐릿하며 산산이 부서져 있었다. 그에게 생각이나 인상을 떠올리게 하는 실체는 여전히 기억이 나지 않았다.

　오랜 시간이 흐른 뒤에도 이 문제는 계속됐다. 기억과 관련하여 비참한 상태는 전혀 변하지 않았다.

　나는 짧은 아동용 도서를 읽기 시작했다. 이따금 문법이나 물리학에 관한 책에 도전했지만 곧 던져두고 말았다. 더 이상 책 읽기에 흥미를 느끼지 못했다. 책 읽기는 굉장히 힘겨운 일이었고, 두통 때문에 머리가 깨질 듯 아팠다. 그래서 내가 할 수 있는 유일한 일은 어떤 것이든 과거의 기억을 떠올리고 낱말과 뜻을 기억해내는 것뿐이었다.

어디를 가든 나는 단어를 기억하는 데 어려움을 겪어야 했다. 이 사실은 총알과 이제까지 받아온 많은 수술 때문에 뇌가 얼마나 심하게 손상되고 혹사당했는지를 보여준다. 나는 사람들과 이야기를 나눌 때 내가 정상이 아니라는 것을 인식하게 된다. 또한 내가 바보처럼 초조하게 웃는다는 것도 알고 있다. 뿐만 아니라 누군가 나에게 말하면 계속해서 "네, 네."라고 대답하는 습관이 있다는 것도 잘 알고 있다. 게다가 말을 시작하면 아무 이유 없이 멍청하게 히죽히죽 웃기 시작한다.

나는 배우고 익힌 귀중한 지식들을 기억하지 못한다. 모두 흔적도 없이 사라지고 말았다. 혼자 있을 때는 자물통으로 기억의 문을 굳게 채워놓은 것 같다가, 사람들이 말을 걸거나 그들의 대화를 듣고 있으면 자물통이 조금 열리는 것 같은 기분이 들었다. 다른 사람의 대화를 들으면 조금은 자극이 되는 것 같았다.

부상을 입은 이후 나는 굉장히 독특한 사람으로 변했지만 한편으로는 완전히 새로운 사람으로 태어난 것 같기도 하다. 지금까지 살면서 배우고 경험한 모든 것들이 끔찍한 머리 부상 이후 기억 속에서 영원히 사라지고 말았다. 나는 눈앞에 보이는 모든 것, 심지어 일상생활에서 보는 사소한 것까지도 다시 이해해야만 한다. 맑은 공기를 쐬고, 꽃, 나무, 호수와 같은 자연을 좀 더 가까이하기 위해 잠시 병원에서 나서면, 이해하기 힘든 새롭고 불분명한 무엇인가를 보게 된다. 뿐만 아니라 눈에 들어온 사물을 이해할

수 없게 만들고 나를 쓸모없는 인간처럼 느끼게 하는 무엇인가를
인식하게 된다.

도대체 이 증상이 무엇을 의미하는 것일까? 건망증과 그가 말하
는 '기억 상실'의 원인은 무엇인가? 과거의 기억은 기억해내면서
예전에 습득했던 지식은 전혀 기억해내지 못하는 이유는 도대체
뭘까?

고양이? 무쇠!

그는 자신의 장애를 '언어-기억' 상실이라고 불렀다. 그리고 그가 그렇게 부르는 데는 그럴 만한 이유가 있었다. 부상을 당하기 전, 그는 명확한 의미를 지닌 단어들을 쉽게 기억해낼 수 있었다. 각 각의 단어는 수많은 연상 작용에 의해 실제 세상과 연결되어 있 다. 또한 각각의 단어는 사진처럼 선명한 기억을 떠오르게 만든 다. 한 단어를 자유자재로 사용할 수 있다는 것은 그가 과거에 대 한 기억을 떠올릴 수 있고, 사물들 간의 관계를 이해하고 사고를 수립하며 자신의 삶을 통제할 수 있다는 뜻이었다. 그러나 지금은 이 모든 것을 잃어버렸다.

나는 단어들의 의미를 전혀 이해하지 못하거나 불완전하고 모호 하게 이해하고 있다. 특히 탁자, 태양, 바람, 하늘 등과 같은 사물 의 객관적인 특징과 관련해서 그렇다. 나는 이러한 단어와 의미를 잊어버렸다. 또한 공부했던 것과 관련이 있는 어휘들을 기억하지 못한다.

두개골과 뇌에 입은 외상 때문에 시각과 청각 기억은 퇴화되었다. 글자와 숫자를 보게 되면 해당 글자와 숫자를 상징하는 낱말을 즉각적으로 기억해낼 수 없다. 또 글자나 숫자를 들으면 그것이 어떻게 생겼는지 눈으로 상상할 수 없다. 나는 언어 구사력과 기억력이 심하게 나빠진 이유가 외상 때문이라고 생각하곤 한다. 눈으로 본 사물의 이름과 그 발음을 입 밖으로 내뱉기까지 하루가 걸리기도 한다. 그 반대의 경우에도 사정은 마찬가지이다. 예를 들어, 어떤 단어(혹은 특정 숫자)를 들었다고 가정하자. 그 단어(혹은 숫자)가 어떻게 생겼는지 그 형태가 즉시 눈앞에 떠오르지 않는다. 그 뜻을 기억하기까지는 더 오랜 시간이 걸릴지 모른다.

부상을 당한 직후 몇 개월 동안, 단어를 기억하지 못하는 증상은 훨씬 심각해졌다. 가장 흔한 단어들마저 기억하지 못해서, 어둡고 낯선 방에 갇힌 사람처럼 기억을 더듬으며 기억나지 않는 단어를 찾아내야 했다. 단어가 떠오르지 않았을 뿐만 아니라 단어의 의미를 전혀 이해하지 못했기 때문에, 그 의미를 기억하기 위해 온갖 노력을 기울였다. 참으로 오랫동안 잃어버린 기억을 되살리기 위해 죽을 힘을 다했다.

나는 부상을 당하고 처음 몇 년 동안은 사물의 이름이 떠오를 때까지 오래 기다려야 했다. 심지어 찾고 있던 물건이 코앞에 있을 때도 그랬다. 누군가 특정한 물건을 언급하면, 곧장 그 모습을 떠올릴 수 없다. 의사는 내게 이렇게 말하곤 했다. "자세츠키, 눈을 가리켜봐요." 나는 그의 말을 이해하지 못했다. 부상 이후, 특정 단어의 의미를 재빨리 이해할 수 없었기 때문에 이런 일은 거듭 일어났다. 의사가 같은 질문을 반복하면, 나는 그 단어가 무슨 뜻인지 기억해내기 위해 머리를 쥐어짜야 했다. 나는 갑자기 주변을 둘러보다 '눈'이란 단어가 신체의 일부분이라는 것을 기억해냈다. 그렇게 깨달았을 때 비로소 그 단어를 말하고 눈을 가리킬 수 있었다. 그러자 이번에는 코를 가리켜보라고 말했다. 또다시 그 단어의 뜻이 무엇인지 기억이 나지 않았고, 기억이 날 때까지 몇 분 동안 여러 차례 그 단어를 반복해야 했다. 의사는 이번엔 귀라는 단어를 기억하는지 물었다. 이번에도 귀라는 단어가 기억나기까지 몇 분이 걸렸다. 의사가 나를 테스트하고 내가 기억하는지 알아보려고 할 때마다 다시금 그 단어들을 기억 속에서 찾아야 했다. 상당히 비참한 일이었다.

여러 가지 단어들이 떠오르면 그것을 혼자서 중얼거리곤 했다. 대부분 그날 사람들과 이야기를 나누면서 사용한 단어일 경우가 많았지만, 그렇게 느닷없이 생각이 나지 않으면 이내 잊어버리고 말았다. 그날 이후 의사가 나에게 다시 질문했을 때, 나는 찾고 있던 단어들을 기억해낼 수 있었다.

또 한 번은 의사가 자신의 눈, 입, 코를 가리키면서 그것이 무엇인지를 물었다. 나는 그것을 가리키는 단어들을 기억해내려고 애쓰면서, 오랜 시간 끙끙거리며 기억을 더듬은 끝에 그 단어를 기억해낼 수 있었다. 야호! 드디어 내가 이 단어들을 기억하는 데 성공했구나! 그렇지만 여전히 단어를 기억하지 못하게 방해하는 장애물이 있는 것 같다. 등이나 목 같은 단어를 들으면 기억해내기가 훨씬 어렵다. 그 단어는 친숙했고 신체의 일부라는 것은 알지만 무엇을 의미하는지는 생각나지 않았다. 도대체 그게 무엇을 가리키는 말인지 몰랐다. 전반적으로 모든 단어에 걸쳐 특이한 기억 상실 증세를 보였으며, 단어를 기억해내기까지 굉장히 오래 걸렸다. 단어의 뜻을 곧바로 기억해내지 못했으며, 설령 기억해내더라도 단어의 뜻을 알지 못했다. 치료사가 전등을 가리키면서 그것이 뭐냐고 물으면, 기억해내려고 안간힘을 쓰지만 마음대로 되지 않는다. 얼마쯤 시간이 지나야 비로소 그 물건의 이름이 떠오르곤 한다. 나는 전등과 방에 있는 다른 물건들을 쳐다본다. 몇몇 가재도구들이 기억력을 돕는 단서가 되어주길 바라면서, 단어들을 기억하고 좀 더 쉽게 말할 수 있도록 방 안의 다른 물건들과 비교하며 기억해내려고 노력한다.

병원을 떠난 지 몇 개월 후에도 그는 이 문제 때문에 어려움을 겪어야 했다. 예를 들어, 그가 키모프스크에서 어머니와 누이들과 살고 있을 때, 몇 차례 심부름할 기회가 있었다. 지하 창고에서 물건을 가져온다거나 가게에서 시리얼이나 빵을 사 오는 것과 같은 간단한 일이었다. 그렇지만 어릴 때부터 매일 사용하던 흔한 표현과 단어들을 모두 잊어버려서 쉬운 심부름조차 너무나 어려운 일이 돼버렸다. 그는 표현이나 단어들을 신속하게 기억해내지 못했는데, 그것들은 머릿속 외진 구석에 숨어 있는 것만 같았다. 그래서 사력을 다해 기억을 더듬어 그것들이 뜻하는 바를 분명하게 기억해내야만 했다. 마침내 가까스로 그 의미를 기억해내는 데 성공해도 곧 잊어버렸다. 그는 제정신이 아니었으며, 도저히 이 문제를 혼자서 감당할 수 없었다.

일상적인 말이 아무리 어렵다고 해도, 그가 집이나 학교에서 매일 사용하고 배웠던 개념을 이해하면서 겪었던 어려움에 비하면 아무것도 아니었다. 어휘들은 너무나 생소했고 사물이나 현상에 대한 기억이 지워진 상태에서, 언어 구사력, 그의 표현을 빌리자면 '언어-기억'을 회복하는 것은 뼈를 깎는 고통이었다.

내가 듣는 모든 단어는 명확하지는 않지만 친숙하게 느껴진다(한때 나는 전문학교에서 배울 만큼 배웠다). 나는 낱말의 뜻을 기억하지는 못하지만 특정 단어가 존재한다는 사실은 알고 있다. 그러나 낱말의 의미를 부상 이전처럼은 이해하지 못한다. 다시 말해 '탁자'라는 단어를 들으면, 그것이 무엇인지, 어떤 사물들과 연관이 있는지 신속하게 파악하지 못한다는 뜻이다. 그저 그 단어가 친숙하다고 느낄 뿐 더 이상은 생각이 나지 않는다.

그래서 나는 친숙하다는 느낌이 들거나 의미가 명확하게 다가오는 단어들에 한해서 기억을 되살리기 위해 노력했다. 그리고 사람들과 이야기하거나 생각할 때 이런 단어들을 기억해서 사용해 보려고 노력했다.

나는 여전히 이러한 어려움을 겪고 있으며, 기억 용량이 크지 않기 때문에 단어와 그 의미 사이에 언제나 격차가 존재하는 것 같다. 단어와 의미는 언제나 분리되어 있기 때문에, 어떻게 해서든 이 둘을 결합시켜야 한다. 그러나 이 둘의 결합 상태를 오랫동안 유지하지 못한다. 단어와 뜻의 연결 고리가 헐거워서 이내 분리되기 때문이었다.

나는 들이나 산길을 산책하면서 무엇을 기억하고 있는지 알아보기 위해 스스로 점검한다. 그리고 나무의 이름을 모조리 잊어버렸다는 사실을 깨달았다. 물론 떡갈나무, 미루나무, 소나무, 단풍나무, 자작나무 같은 단어와 다른 나무 이름을 기억해낼 수 있다. 그렇지만 낯익은 나무를 보고도 그것이 미루나무인지 아니면 다른 나무인지 분간하지 못한다. 또한 다양한 버섯의 이름을 알고 있으면서도, 특정한 버섯을 보여주면 이름과 용도를 기억하지 못한다. 또한 부상을 당하기 전에는 먹을 수 있는 버섯과 그렇지 않은 버섯을 구분할 수 있었을 텐데도 지금은 구분할 줄 모른다.

심지어 아주 어렸을 때부터 알고 있었던 민들레가 무엇인지도 잊어버렸다. 시간이 지나면 무엇인지 알 수 있지만 그전까지는 무슨 꽃인지 전혀 기억하지 못한다.

나는 습관적으로 주변의 사물을 이전에 그랬던 것과 똑같이 바라보는 경향이 있다. 그러나 사물들을 직접 봤을 때, 그것이 무엇인지는 기억하지 못한다. 식물들이 어떻게 자라고, 또 어떤 것이 거름이 될 수 있는지 알지 못한다. 동물이나 식물들의 이름을 기억할 수 없기 때문에 가장 근본적인 특징들을 이해하지 못한다.

그는 단순히 단어의 뜻만 잊어버린 것이 아니었다. 이미 지적했듯이 신속하게 단어를 기억해내지 못할 뿐만 아니라, 그 단어를 기억해내기 위해 열심히 노력해도 원하는 것 대신 다른 단어들이 생각나는 경우가 종종 있었다. 이런 단어 중 몇몇은 그가 원했던 단어와 의미 면에서 상당히 비슷하지만, 어떤 단어들은 전혀 상관없는 것들도 있었다. 그렇다면 머릿속이 친숙하고 적합해 보이는 단어들로 꽉 차 있을 때, 그는 어떻게 정확한 단어를 선택할 수 있을까? 한편 원하는 단어가 전혀 떠오르지 않는 경우도 많았다.

가장 심각한 문제는 말하고 싶을 때 정확한 단어들이 떠오르지 않는다는 점이었다. 부상을 입고 의식이 돌아온 후부터 나는 의사나 간호사 혹은 다른 환자들이 쓴 단어를 계속해서 반복했지만 얼마

후 잊어버리고 말았다. 당시 나는 무슨 말을 하고 싶을 때 특정 단어를 기억해낼 수 없었다. 여하튼 의식적으로 기억해내려고만 하면 아무 단어도 떠오르지 않았다.

방 안에 앉아 있거나 걷다가 물건을 보게 되면, 낯익은 것 같기도 하고 그것들이 무엇인지 알 것만 같았다. 그러나 무슨 이유에서인지 물건의 이름을 곧바로 기억해낼 수 없었다. 단 한 가지도 말이다. 나는 연필을 잡거나 탁자를 가리키며 이렇게 말한다. "이건 뭐라고 부르죠? 이걸, 그러니까 이걸…… 뭐라고 부르냐고요? 이건 전등도 아니고, 잉크병도 아니고, 음…… 그러니까 이건, 이건 탁자예요!"

나는 이렇게 단어를 기억해내려고 계속해서 애쓰면서 단어를 노트에 적고 스스로 질문도 던진다. 아직도 단어 하나를 기억해내려면 진땀을 흘려야 한다. 예를 들어, 물건을 하나 보면 스스로에게 질문을 던지기 시작한다. '이거 스토브 맞나? 아니잖아. 증기도 아니고, 그럼 굴뚝? 난로…… 횃불…… 초…… 집…… 창틀…… 조명인가?' 젠장, 기억이 나지 않는다. 그래서 나는 다른 단어들을 대기 시작한다. 고양이…… 숟가락……. 그러다 마침내 단어가 떠오른다. '그건 바로 무쇠잖아!'

고장난 뇌는 단어에 막혀 '비틀거리면서' 그것을 찾아야 한다. 또한 찾아낸 단어를 잊어버리지 않기 위해 여러 차례 반복해야 한다. 그러나 이렇게 하다 보면 집중력이 떨어져서 가까스로 찾아낸 단어들을 잊어버리곤 했다. 실제로 찾고 있던 단어가 생각나지 않아서 여러 차례 난처한 상황에 처하기도 했다. 이 문제는 여전히 나를 괴롭히고 있고 상황은 호전될 기미가 보이지 않는다. 그래도 나는 절대 포기하지 않을 것이다. 말로 표현할 수 없을 정도로 힘들고 어려웠지만, 몇 년이 지나고 나니 언어 구사력은 조금씩 나아지고 있다. 그것은 언어 구사력과 기억력을 회복하기 위해 벌이고 있는 이 싸움을 계속할 수 있을 만큼 매우 고무적인 결과이다.

루리야의 노트
왜 단어를 기억하지 못할까?

한때 기억은 굉장히 단순한 기능으로 여겨졌다. 특정 사물을 명명하기 위해 사용된 이름은 이름표처럼 그 사물에 붙어 다닌다고 생각한 것이다. 살림을 잘하는 가정주부가 식품 저장실 선반 위에 물건의 위치를 지정하기 위해 사용하는 이름표처럼 사물을 늘 따라다닌다고 생각했다. 따라서 필요한 것을 찾으려면 그 선반만 찾아보면 된다. 이 비유는 기억에 대한 초창기의 접근법을 상징적으로 보여주고 있지만, 많은 사람들은 여전히 인간의 기억이 이런 방식으로 작동한다고 생각하고 있다.

그러나 이것은 사실과 다르다. 심지어 17세기 풍자소설가인 조나단 스위프트까지도 《걸리버 여행기》에서 이렇게 단순화된 개념을 풍자했다. 라퓨타 인들은 단어가 불필요하고 사물을 통해 의사소통이 가능하다고 믿었기 때문에 사물에 부여된 이름을 모조리 없애기로 결정했다. 그래서 그들은 등에 배낭을 메고 다니면서 가리키고 싶은 것이 있을 때마다 그 물건을 꺼내서 보여주었다.

인간의 기억도 같은 방식으로 작동한다고 믿는다면, 가끔씩 특정 단어를 기억하는 데 상당히 애를 먹는 이유를 설명하기 어려울 것이다. 뿐만 아니라 올바른 단어를 찾는 것이 잃어버린 기억을 되살리는 일만큼이나 어려운 이유를 설명할 수도 없을 것이다.

하나의 사물은 다양한 속성들을 갖고 있는 실체이다. 한 가지 예로 당구대를 들어보자. 일반 탁자와 비슷하지만 탁자를 덮고 있는 펠트천은 이끼 같아 보이며, 탁자 아랫부분은 슬레이트 판과 비슷하다. 당구대의 옆면과 모서리에는 포켓이 달려 있다. 당구대는 언제나 방 한복판에 자리를 잡으며 공이 당구대 위를 굴러다닌다. 이런 특징을 감안할 때, 어떻게 당구대라는 단어를 떠올릴 수 있을까? 탁자, 천, 포켓, 공 등은 당구대의 속성을 대표하지만 그것이 당구대 자체는 아니다. 뿐만 아니라 공은 피라미드 형태로 배열된다. 우리는 어떻게 '3인조', '둥지', '더미'라는 용어 대신 '피라미드'라는 용어를 기억할 수 있을까? 즉, 인간의 기억은 어떻게 무수히 많은 특징들 중에 그 사물을 대표하는 가장 본질적인 특징을 정확히 집어내고 그 사물과 관련된 다양한 연상들은 차단할 수 있을까?

단어를 생각해낼 때는 언제나 가능한 여러 대안들 중에서 선택하는 것이다. 어떤 경우에는 올바르게 연상할 가능성이 훨씬 높고 다른 단어들이 떠오를 가능성은 아주 낮다. 예를 들어, "겨울이 오면, 거리는 ( )으로 뒤덮인다."라는 문장을 완성한다고 하자. '눈'

이외에 다른 단어를 선택할 사람은 거의 없을 것이다. 괄호 안에 들어갈 수 있는 단어는 두세 개에 불과하기 때문에 선택하기 쉽다. 그러나 상황이 훨씬 복잡한 경우도 있다. 다음 문장을 한번 보자. "나는 ( )을 사러 나갔다." 무엇을 사러 나갔을까? 빵? 신문? 아니면 모자? 이 경우 수천 가지 대안이 있을 수 있기 때문에 문맥을 알아야만 문장을 완성할 수 있다. 이 경우, 딱 맞는 단어를 찾을 확률은 불확실하다. 기억이라는 저장소에서 적합한 단어를 선택하기 위해서는 특정 상황에 대한 추가 정보가 필요하다.

문맥도 모르고 아무 단서도 없이 단어를 기억해내야 한다면 어떻게 해야 할까? 과정은 보기보다 훨씬 간단하다. 예를 들어, 실험실에 들어가 낯익은 장비를 봤지만 그 이름을 기억해내지 못한다고 가정해보자. 그것이 파라핀으로 처리된 표본들을 음식점에서 햄을 얇게 저미는 데 사용하는 커터처럼 아주 얇게, 햄보다 수천 배는 얇게 자르는 장비라는 사실을 안다. 그런데 이 장비를 무엇이라고 부를까? 이 장비가 익숙하기는 하지만 그 단어를 기억해내기 위해 머리를 쥐어짜야만 한다. 그것이 '마이크로 XX'와 관련이 있다는 것을 안다면, 이것이 '마이크로스코프', 즉 '현미경'일까? 아니다. 그렇지만 정답에 거의 근접했다. 결국 '마이크로톰'이라는 단어를 떠올리게 된다.

아니면 박물관에 가게 됐는데 갑자기 화가의 이름이 기억나지 않는다고 가정해보자. (이 화가는 조지 왕조풍의 화가이며 원초주의 창시자 중 한 명이라고 가정하자.) 그러면 스스로에게 묻는다. '파사뉴'이던가? '파이어스톤?' '프랭기시빌리?' 세 명 모두 답이 아니지만 '불'을 암시하는 이름과 관련이 있다. 다시 시도해보자. 그럼 '불꽃'인가? 아니다. 그것이 터키인들과 관련이 있다는 사실도 알고 있다. 그럼 '오스만'인가? 그것도 아니다. 그러나 '파이어스먼Piresman'을 생각해내고 결국 화가의 이름인 파이로스마니시빌리Pirosmanishvili에 도달하게 된다. 일단 이 이름을 기억해내면, 화가의 이름을 알아내는 과정에서 떠올랐던 모든 연상어들은 자동으로 폐기된다.

단어 하나를 찾아내기 위해 이렇게 하는 경우는 드물다. 특정 단어의 기억을 강화해줄 단서가 거의 없을 때, 혹은 체호프의 소설에 등장하는 주인공처럼 이름이 순간적으로 기억나지 않을 경우 이런 과정을 통해 단어를 기억해낸다. 체호프의 소설에서 '오츠Oates'라는 이름을 기억해내려고 애쓰던 주인공은 '준마,' '채찍,' '기수' 등 '말'과 관련된 단어들을 떠올렸다. 일반적으로 일상적인 사물의 이름을 기억하려고 할 때는 이런 과정을 거치지 않는다. 그 이름은 기억에 확고하게 새겨져 있고, 사물의 특징적인 속성이 이름 자체에서 분명히 드러나게 마련이다. 예를 들어, 'stol(테이블)'과 같은 단어의 경우, 'nastilat(~을 놓다)', 'postilat(뻗다)', 'nastil(마룻바닥)'과 같은 어원인 'stl'을 지닌다. 그러므로 두드러진 언어적 특징을 구별해내는 것은 어렵지 않다. 러시아어 'chasy'는 시계라는 뜻으로, 이 단어의 어원은 'chas(시간)'이다. 또한 'parokhod(증기선)'라는 단어는 증기라는 뜻의 'par'와 움직임이라는 뜻의 'khod'로 이루어진 합성어이다. 이들 단어에서 특징이 두드러지게 드러나고 있기 때문에 사물의 이름이 논리적으로 떠오르게 된다. 사물의 이름 자체가 명명하고 있는 사물을 노골적으로 지시하고 있기 때문에 다른 대안은 생각해볼 필요가 없다.

그러나 뇌 부상 때문에 사물의 근본적인 특징을 뽑아내고, 2차 연상어를 차단하여 사물의 시각적인 인상을 분석하고 합성하는 기능을 하는 영역이 손상됐다면 어떻게 될까?

대뇌피질 기능의 전문가 I. P. 파블로프는 정상적인 상황에서 대뇌피질이 '힘의 법칙'에 지배된다고 주장했다. 강력한 자극이 강한 반응을 생산하며 쉽게 기억을 떠올릴 수 있도록 확고한 흔적을 남긴다. 이 법칙은 극도로 피곤한 상태나 수면 상태에서만 깨진다. 강한 자극과 약한 자극은 동일한 강도로 입력되고, 똑같이 강력한 반응을 일으키며, 똑같이 영구적인 흔적을 남긴다. 그러므로 약한 자극과 강한 자극이 머릿속에 떠오를 확률이 같아진다.

잠을 자고 있을 때 예상하지 않았던 이상한 기억들이 떠오르는 것을 예로 들어보자. 사고는 혼란스러워지고, 낮에 본 사소한 것에 의해 방해를 받기 쉽다. 이와 같은 대뇌피질의 상태를 파블로프는 '감쇠 상태' 혹은 '조정 상태'라고 불렀다. 이 상태에서 대뇌피질은 덜 정확하게 작동하며 중요한 것과 중요하지 않은 것을 구별하는 일이 거의 불가능하다. 사물의 두드러진 특징은 지배력을 잃고 2차적이고 덜 중요한 속성들과 비슷해져서 하향 평준화된다. 이제 동일한 확률을 가진 것처럼 보이는 수많은 대안 중에 딱 들어맞는 속성을 구별해내는 것이 굉장히 어려워진다.

환자의 머리를 관통한 총알은 대뇌피질에서 복잡한 연상어들의 분석, 합성 및 조직을 통제하는 영역을 손상시켰다.

그의 신경세포 일부는 파괴됐으며, 일부는 병리학적으로 '감쇠 상태'에 있다. 그러므로 이따금씩 사물의 중요한 특징을 구분하고 적합한 단어를 기억해내는 게 어렵거나 찾지 못하는 것은 당연하다.

그는 사람들이 잃어버린 이름을 찾을 때처럼 단어를 찾아야 하고, 찾는 과정에서 떠올렸던 10여 개의 다른 단어들을 자세히 살펴봐야 한다. 그는 해당 단어가 어느 그룹에 속하는지 알아내야 하고 광범위한 범주의 단어들은 교체해야 한다(물건인가, 아니면 동물인가?). 그는 특정 단어를 떠올리는 데 도움을 주는 맥락을 파악하기 위해 노력해야 한다("이것들은 냄새가 굉장히 좋군! 붉은 색에 아름답고 향긋해. 아, 장미다!"). 그는 의식적으로 기억해낼 수 없는 것을 자연스럽게 기억하기 위해 가능한 한 모든 방법을 써서 노력했지만, 가끔씩만 성공할 뿐 대부분은 실패로 끝났다.

단어와 이름을 기억하는 이 과정은 머릿속에 떠오르는 동등한

가능성을 지닌 대안 중에 선택해야 할 필요성을 없애주는 생생한 이미지와는 거리가 멀었다. 그의 손상된 '언어-기억'은 사건을 정상적이고 완전하게 기억하지 못했다.

제한된 어휘와 연상 능력을 가지고 손상된 뇌가 기억할 수 없는 단어들을 기억해내는 처절한 몸부림은 몇 년간 계속됐다. 이것은 그가 어떤 어려움을 경험했는지를 설명해준다. 적합한 단어를 기억해내면 그의 기억력은 다음 단어를 찾아 정신없이 달려간다. 집중력이 흐트러지면 그는 처음 기억해냈던 단어를 잊어버리고, 다시 그 단어를 기억해내기 위해 노력해야 한다. 기억력은 피폐되고 저하됐을 뿐만 아니라 쓸모없는 것이 되어버렸다. 그리고 형편없는 기억력은 시간이 흘러도 좋아질 기미가 보이지 않았다.

무슨 말을 하려 했더라?

물론 단어를 사용하는 것은 말하기의 가장 기초적인 단계이다. 복
잡한 개념을 해석하고 전달하기 위해서는 단어를 가지고 문장과
단락을 만들어야만 한다. 그러나 단어의 의미를 파악할 수 없고,
가까스로 이해한 단어나 말하려고 했던 생각이 기억나지 않는다
면 어떻게 말하고 싶은 것을 표현할 수 있을까?

　이 남자는 사람들이 말하는 것을 들을 때, 라디오 방송을 들을
때, 또는 이야기를 이해하려고 애쓸 때, 토막토막 잘라진 이미지
들을 해독하기 위해 몸부림쳐야 했다.

　어머니가 아주 쉬운 말을 하실 때조차도 나는 그 말의 요점을 파
　악하지 못한다. 어머니가 말한 첫 번째 단어나 마지막 단어에 매
　달려 그것이 무슨 뜻인지 파악하기 위해 애쓰는 동안 나머지 단어
　들은 모두 잊어버린다.
　　한 번은 강당에 앉아서 초대된 예술가들의 공연을 보고 있었

다. 해설가가 이야기하는 동안, 관객 모두가 웃기 시작했다. 나는 해설가가 한 말을 이해하지 못했지만 다른 사람들이 모두 웃는 것을 보고는 따라 웃어야 했다. 정말로 웃겼던 부분은 한 배우가 술취한 사람의 흉내를 내면서 비틀거리다 넘어졌을 때였다.

사람들이 말을 할 때나 라디오 방송을 들을 때, 나는 들리는 말을 절반도 이해할 수가 없다. 대부분 이해하지 못한 채 말을 듣는다. 들을 때도 중간중간 '빈 공간'이 아주 많이 생긴다. 이것은 들리는 말의 아주 일부분만을 이해할 수 있다는 뜻이다. 몇 가지 낱말의 뜻을 이해했을 땐, 이미 다른 말에 나머지 낱말들이 묻혀 기억이 나지 않는다.

한번은 '채양'이라는 낱말을 듣게 됐는데, 그 낱말을 언급한 사람에게 그것이 무슨 뜻이냐고 물었다. 나는 갑자기 그 단어의 뜻과 그 사람이 이야기 중이었던 열차 탈선이 기억났다. 그러나 그것을 기억해내기까지는 상당히 오랜 시간이 걸렸다. 손상된 기억은 대체로 이런 방식으로 작동한다.

라디오를 들을 때, 방송을 듣는 동안 아나운서가 하는 말을 잊어버린다는 사실만 빼면 방송에서 들은 것을 내가 이해한다고 생각한다. 아나운서가 사용한 특정 단어에 집중하고 있으면, 꽤 오랜 시간 동안 그 단어를 이해하지 못하거나 완전히 잊어버렸다는 것을 알 수 있다. 물론 라디오를 듣는 것이 글자를 한 자 한 자 따라가면서 책을 읽는 것보다는 훨씬 쉽고 편안하다. 반면, 라디오를 들을 땐 원하는 곳에서 중단하고 지금껏 들은 것을 생각해볼 기회가 없다. 부상을 입은 이후, 나는 라디오에서 들은 것을 기억할 수 없다. 반면에 신문이나 책을 읽을 때는, 단어나 문장들을 다시 읽을 수 있고 글의 요지를 파악할 수 있다. 그렇더라도 읽은 내용을 금방 잊어버린다. 물론 라디오에서 들은 것보다는 글을 읽었을 때 요점을 기억하는 시간이 조금 더 길기는 하다. 그래도 읽기는 해를 거듭할수록 점점 더 어려워졌다.

그의 이해력을 진단하기 위해 사물들 간의 관계가 상당히 복잡하게 얽혀 있는 아래 문장을 그에게 읽어주었다.

"집의 양끝에는 나뭇잎 아래쪽에 솔방울처럼 생긴 열매가 달려 있는 커다랗고 희귀한 나무들이 줄지어 서 있었다. 건너편에서 네 마리 하얀 백조들이 물길을 가르고 있는 연못에서는 사방에 걸려 있는 화려한 종이로 만든 초롱의 그림자를 볼 수 있다."

이 글을 한 번, 두 번, 세 번 읽어준 후 그가 기억할 수 있었던 것은 무엇일까? 그는 나무, 백조, 물에 비친 그림자와 연관이 있는 단편적인 문장들과 단어 및 이미지 몇 개만을 기억해냈다. 그에게 이 단락을 반복해서 읽어주었지만, 연결성이 전혀 없는 단편적인 정보들로는 의미 있는 문맥을 형성할 수 없었다. 판독하기 어려운 글자 같은 이 단락 때문에 그는 골머리를 앓아야 했다. 판독하기 어려운 상형문자를 오랫동안 들여다보면, 문장 전체가 아니라 특정 요소의 의미만을 확인할 수 있다. 그러므로 여전히 불확실한 문장 전체를 판독하기 위해서는 더 많은 시간이 필요하다.

아니, 도저히 모르겠어. 이 글은…… 그러니까…… 음, 음…… 잘 모르겠지만 초롱에 대해서…… 연못의 백조랑…… 숲에 관한 것이랑…… 백조, 초롱.

  양옆으로 나무들이 있고, 그리고 열매랑 초롱들도 있고…… 호수 위의 백조들. 집이 한 채 있고, 그 옆으로 열매가 달린 나무들…… 전나무처럼 생겼어요. 또 초롱들도 있고, 연못이랑…… 백조들이 호수 근처에…… 뿔도 있고. 그리고 초롱들이랑…… 물감 들인 종이…… 정말 모르겠어요!

그의 문장 이해력은 해독이 불가능한 이미지들 때문에 기억이 제약을 받는다는 사실을 분명하게 보여줬다. 그는 스터디 그룹에 참여해서 공부하려 했지만 여기에서도 이 문제 때문에 애를 먹었다.

선생님의 말을 듣고 있으면, 그녀가 사용하는 어휘들이 이해가 되는 것 같고 다소 친숙하게도 느껴진다. 그러나 각각의 단어에 집중해서 그것을 기억해내려고 하면, 단어의 뜻도 모르겠고 어떻게 쓰는지 그 형태를 그려낼 수 없다. 반면 선생님은 계속해서 이야기를 하고, 내가 단어의 뜻을 파악해보려고 하면 기억에서 단어들이 빠져나갔다. 도대체 어떻게 된 영문인지 모르지만 그 단어들을 기억해낼 수 없다. 치료사 O. P.가 마지막 수업에서 우리가 공부했던 것을 이야기해보라고 내게 말했다. 그 장을 며칠에 걸쳐 수업했고, 메모도 하고 전날 밤에 읽어보기까지 했는데도 치료사의 질문에 답하기까지 오랜 시간이 걸렸다. 그녀가 내게 질문했을 때, 공책을 다시 들여다봐야 했다. 직접 정리한 공책을 들여다보는 것조차 내게는 굉장히 힘든 일이었다(다른 사람의 필기를 읽는 것은 불가능하다). 그래서 신속하게 공책을 훑어볼 수 없었다. 특히 질문을 받아서 답해야 한다는 부담까지 느끼고 있었기 때문에 더더욱 빨리 읽을 수 없었다. 마침내 나는 전날 밤 읽었던 내용을 아주 조금 기억해냈으며, 단어 몇 가지만 가지고 전반적인 내용을 전달해보려 했다. 그렇지만 하고 싶은 말을 할 수 없었다.

물론 그의 문제가 이해력에만 국한된 것은 아니었다. 그는 말하는 사람이 사용하는 무수히 많은 단어들을 해석하고 그 이면에 들어 있는 논리를 파악하는 것이 어렵다고(사실은 불가능하다고) 생각했다. 뿐만 아니라 일관성 있게 자신의 생각을 꾸려서 표현하는 것이 어려웠다. 단편적인 단어들만이 머릿속에 가득하고 단어들이 서로 충돌하면서 방해하기 때문에, 생각을 구성하는 과정에서 자신이 하고 싶은 말이 무엇인지 잊어버린다. 그래서 공공기관에 가서 요청할 것이 있을 때, 스터디 그룹에서 간단하게 질문하고 싶을 때, 남들이 알아들을 수 있도록 자신의 생각을 표현할 수 없었다.

한번은 관할 관청에 가서 문의할 일이 있었다. 나는 하루 종일 무슨 말을 할 것인지 생각했다. 그러나 막상 그날이 되어 관청에 들어갔을 때, 대화에 필요한 단어들이 기억나지 않을까 봐 걱정하다 보니 관청에 들어가기까지 꽤 오랜 시간이 걸렸다. 생각을 말하려고 하면 단어들이 머릿속에서 빠져나갔고, 그러면 다른 단어가 떠오를 때까지 기다려야 했다(단어들은 잠시 생각났다가 곧 기억에서 사라졌다).

복도에 서 있는 동안에도, 그리고 나중에 담당자의 사무실에 들어갔을 때에도 하려던 말을 생각하는 순간 단어가 떠오르지 않았다. 그러자 담당자가 나를 바라보며 말했다. "무슨 일로 오셨습니까?" 그렇지만 말을 시작하는 데 필요한 몇 가지 단어들이 머릿속에서 모조리 빠져나간 것 같았다. 머리가 크게 잘못된 것처럼 나는 아무것도 기억할 수 없었다.

한번은 강의를 들으러 갔다. 강의를 마친 연사는 질문이 있느냐고 물었고, 나는 질문을 하기로 마음먹었다. 그때 나는 정상이라고 느꼈고 머리가 많이 아프거나 윙윙거리지도 않았다. 연사는 내게 질문을 해보라고 말했다. 그러나 무슨 이유에서인지 단 한 마디도, 아니 한 글자도 입 밖으로 내뱉을 수 없었다. 기억에 자물쇠가 굳게 채워진 것처럼 느껴졌다. 청중들은 일제히 나를 바라보며 말을 꺼내길 기다렸다. 한편 나는 상당히 침착한 상태였는데도 한 마디도 할 수 없었다. 내 옆에 앉아 있던 사람들은 내가 무슨 말을 하려 했는지 까먹었거나 술에 취했다고 생각하고 이렇게 말했다. "할 말 없으면 자리에 앉아요." 그래서 나는 자리에 앉았다. 아무도 질문하지 않았기 때문에, 연사는 다시 내 쪽을 바라보며 이렇게 말했다. "하려던 질문이 뭐였죠?"

그가 혼자 있을 때 떠오르는 생각을 메모하려 할 때도 똑같은 일이 일어났다. 어떤 면에서는 메모가 대화보다 수월했는데, 그것은 자신이 적은 것을 다시 읽어볼 수 있기 때문이었다. 그러나 그가 적으려고 하는 순간 생각이 머릿속에서 빠져나갔기 때문에 때때로 생각을 메모하는 것이 훨씬 어려울 때도 있었다.

내가 말하고 싶은 것의 이미지가 떠올라 이를 표현할 수 있는 적합한 단어를 찾았다. 그러나 두 단어를 적자마자 방금 전 머릿속에 떠올랐던 생각이 갑자기 사라지고 말았다. 내가 무엇을 쓰려고 했는지 기억이 나지 않았다. 노트에 적은 두 단어를 들여다봤지만 내가 무슨 말을 쓰려고 했는지 알 수 없었다. 그렇게 생각은 사라져버렸다. 아무리 애를 써도 한 번 사라진 것은 도무지 기억이 나지 않았다.

좋은 생각이 떠올라서 연필을 잡으면 그 순간 그것은 사라지고 만다. 하루 종일 그것을 기억해내려고 애써보지만 기억이 나지 않는다. 다음 날에도 사정은 마찬가지일지 모른다. 설령 다시 생각난다고 해도 그것이 내가 그토록 기억해내려고 애썼던 그 생각이라는 사실을 알아차리지 못할 것이다. 다시 생각날 때쯤이면 이미 다른 것을 적어놓았을 테니 더 이상 아무 의미가 없을 것이다.

이러한 장애들은 그에게 일어났던 일을 글로 써서 설명하는 것을 굉장히 어렵게 만들었다. 그의 기억은 해독이 불가능한 이미지들과 서로 관련 없는 생각 외에는 아무것도 떠올리지 못했다.

루리야의 노트
'주인의 개' 와 '개의 주인'

그가 대화를 따라가고 이야기나 보고서의 내용을 이해하지 못한다는 사실을 알게 됐다. 그리고 구어나 문어로 표현된 개념을 분석하려고 할 때마다 그의 문제점은 더욱 악화됐다. 그는 언어 이해력이 뒤떨어지기 때문에, 다음 단어에 집중하면 방금 이해했던 단어를 잊어버리곤 했다.

그러나 이것은 이해의 과정을 고통스럽게 만든 여러 가지 문제점 중 하나에 불과했다. 그가 상세히 기술한 내용을 따라가지 못할 때 겪었던 어려움들 중 하나가 단어의 뜻을 전혀 이해하지 못하는 데서 비롯됐다는 사실을 이미 알고 있다. 이러한 이유 때문에, 그는 상대방이 무슨 말을 하는지 전혀 이해하지 못하고 이야기의 요점을 파악할 수 없었다. 단어의 뜻을 이해하는 것은 이야기나 말의 내용을 이해하기 위해서 꼭 필요하다.

초보자는 무엇이든 신속하게 이해하는 것이 쉽지 않다. 특히 대학 신입생 시절에 어려운 교재를 읽으면서 고생해본 사람들이라면 이 사실을 잘 알 것이다. 읽는 법을 배우면, 이해하는 데 시간과 노력이 점차 덜 든다. 이해의 속도가 빨라지고, 나중에는 별다른 노력을 기울이지 않아도 보고서나 교과서의 내용을 이해할 수 있는 수준에 이르게 된다.

그런데 다른 것들에 비해 훨씬 이해하기 어려운 자료들이 있다. 길거나 세부적인 설명이 포함된 말은 겉으로 보기에 별다른 어려움이 없어 보이더라도 복잡한 추론 과정을 거쳐야만 이해할 수 있다. 예를 들어, 술술 잘 읽히고, 단순한 문장으로 이루어져 있으며, 요점이 점진적으로 전개되는 이야기는 따라가기가 굉장히 쉽다(오늘은 날씨가 따뜻하다. 그는 호수로 가서 배에 올라 노를 젓기 시작했다. 호수 반대편으로 배를 타고 가는 것이 더없이 상쾌했다). 그러나 주된 내용이 여러 종속절에 의해 꾸밈을 받는 복문으로 이루어진 복잡한 설명문을 들을 때는 주제와 수식문을 동시에 기억해야 한다.

언어학자들은 이러한 문제점을 잘 알고 있으며, 복잡한 통사 구조에 대처할 수 있는 방법을 마련했다. 그들은 확장된 문장 구조(이탈에 의해 주된 내용이 방해를 받는 구조)와 직설적인 문장 구조(순조롭게 읽히고 이탈이 없는 문장 구조)를 구분한다. 다음 문장을 살펴보기로 하자.

"낡고 붉은색 기와집이 자리 잡고 있는 저 언덕은 가파르고 우중충한 이끼로 뒤덮여 있다The hill on which the old house with the red, tile roof was situated was steep and covered with gray moss." 이끼로 뒤덮여 있는 것은 무엇인가? 언덕? 아니면 지붕? 우중충한 이끼와 붉은색 기와는 어떤 관계인가? 12개 단어로 이루어진 종속절이 주어인 '언덕'을 술어인 '가파르다'에서 분리시켜주는 이 확장형 문장 구조는 이해하기가 어렵다.

그러나 더 어려운 것은 '도치inversion'라고 하는 독특한 어법이다. 두 개의 부정어가 포함된 다음 문장은 이해하기 쉬운가? "이 정보를 믿지 않을 이유가 없다." 이 문장의 뜻은 이 정보를 받아들일 수 있다는 뜻인가, 없다는 뜻인가? 다음 문장을 생각해보자. "만약 내가 기차를 놓치지 않았다면, 나는 당신을 만날 수 없었을 것이다." 화자는 기차를 놓쳤다는 말인가, 놓치지 않았다는 말인가? 또한 그는 누군가를 만났는가, 아니면 만나지 못했는가? 이제 다른 예문을 살펴보기로 하자. "나는 규칙에 반항하는 것을 즐기지 않는다I am not in the habit of challenging the rules." 화자는 어떤 부류의 사람인가? 반군인가, 아니면 불평이 많은 학생인가? 이때 '즐기지 않는다not in the habit of'라는 표현과 '규칙에 반항하다 challenge the rules'라는 표현을 따로 떼어놓고 보면, 이 표현이 도발적으로 보인다. 그러나 잠시 후 이 문장이 오히려 그 반대의 의도로 쓰였다는 사실을 깨닫게 된다. 이것은 문법적인 도치로 오류를 저지를 가능성이 있다는 사실을 단적으로 보여준다.

그렇다면 이번에는 기술된 사건의 순서와 단어 배열 순서가 일치하지 않는 예문을 살펴보자. 다음 문장에서는 의미가 분명하게 드러난다. "나는 신문을 읽었다. 그런 다음 아침을 먹었다I read the newspaper; then I had breakfast." 그러나 이 문장을 다르게 표현할 수 있다. "나는 신문을 읽은 후 아침을 먹었다I had breakfast after reading the newspaper." 어순과 행위 발생 순서가 일치하지 않아 문장의 의미를 이해하는 것이 어려운가? '신문을 읽은 후after reading the newspaper' 라는 구는 행위 발생 순서를 바꾸어놓는다. 통사 구조에 변화를 주는 문법적인 도치가 이 환자에게는 비틀린 농담처럼 들렸을 것이 분명하다.

한 문장을 구성하는 요소들 간에 안정적인 한정 관계를 형성하고, 한 문장이 다른 문장을 종속시켜 논리적인 사고체계 틀을 형성하는 격어미(격변화) 활용에 대해 생각해보자. 우리는 오래전부터 격어미를 사용하는 데 익숙해져 있어서 그 의미를 쉽게 파악할 수 있다. 그러나 문법적 어형 변화가 정말 그렇게 간단한 것인가? 예로 다음 문장을 살펴보자. "나뭇가지 위에 새의 둥지가 있다There is a bird's nest on the branch of the tree." 각각의 단어들은 엄격한 순서에 따라 배열되어 있기 때문에 각각의 단어가 상호 연결된 단일한 이미지를 형성한다.

그러나 '빵 한 조각a piece of bread' 혹은 '아버지의 형제father's brother' 등과 같이 추상적인 관계를 표현하는 복잡한 격어미들도 있다. '아버지의 형제'에서 지시하는 것은 언급된 두 개의 단어가 아닌 제3의 단어인 '삼촌uncle'이다. '내 형의 아버지my brother's father'와 같은 구문은 순간적으로 당황하게 만든다. 그러나 잠깐만 생각해보면 '형의 아버지'는 나의 아버지라는 사실을 깨닫게 된다. 소유격으로 이루어진 단어가 특정 사물을 지시하는 것이 아니라 속성이나 특징을 지시하는 복잡한 구문 관계를 이해하려면, 상당히 복잡한 사고 과정이 필요하다. '형brother'이라는 단어의 시각적 의미에서 해당 구가 함축하고 있는 의미로 도약할 필요가 있다. 이것을 이해했을 때만 수수께끼 같은 한정 소유격을 이해할 수 있다.

문법에 함축된 논리적 패턴에 익숙한 사람들은 앞서 인용한 구문이 이해하기 쉽고 어렵지 않다고 생각한다. 15세기와 16세기에도 '귀족의 자녀들the children of the boyars'이라는 표현은 훨씬 더 간단하게 'the boyars' children'으로 대체됐다. 그러나 '프로코피야의 영토Prokopiya's land'와 같은 표현들은 장황하고 어색한 형태를 사용해야 한다. 즉, 'of this Prokopiya-his land'처럼 형식적인 지시어를 첨가해서 복잡한 문법 구문을 필요 없게 만드는 단어들을 삽입해야 하는 경우인 것이다. 그러나 '아케이치 무리의 강대함을 두려워했던 사람들those who feared the might of the horde of the Akheitsy'이라고 쓰는 대신 '아케이치의 힘과 그 무리를 두려워했던 사람들those who feared the Akheisian might and horde'이라고 간단하게 썼다.

복잡한 표현들은 굉장히 일상적인 패턴이기 때문에 어투의 복잡성이 수백 년간 형성된 일종의 규범이라는 사실을 인식하기 힘들다. 또한 언어적 패턴(가장 기본적인 의사소통의 수단)들을 완벽하게 학습했기 때문에 복잡한 표현도 쉽게 사용한다.

또한 말의 특정 성분들(전치사, 접속사, 형용사 등등)을 통해 관계를 표현한다. 이러한 성분들을 사용하는 데 상당히 익숙해져 있어서 무의식적으로 사용한다. 그러므로 '탁자 아래 바구니', '원 위의 십자가', '잉크병 오른쪽에 있는 책'과 같은 구문들을 분명하게 이해할 수 있다. 그러나 200년 전, 사물 간의 관계는 훨씬 더 구체적으로 표현했다. 스토브 '아래under' 무엇이 있다고 말하고 싶을 때, '아래쪽bottom'처럼 회화적인 단어를 사용했다.

또한 형용사의 비교급과 그 변화형을 이해하는 것도 전혀 어렵지 않다. "파리는 코끼리보다 큽니까?Is a fly bigger than an elephant?" 혹은 "코끼리는 파리보다 큽니까?Is an elephant bigger than a fly?" 같은 의문문도 마찬가지이다. "봄은 여름보다 앞에 옵니까?Does spring precede summer?" 혹은 "여름이 봄보다 앞에 옵니까?Does summer precede spring?"도 그러하다. 그러나 다음 예문들을 생각해보자. "태양은 지구에 의해 비춰진다The sun is illuminated by the earth." "지구는 태양에 의해 비춰진다The earth is illuminated by the sun." 러시아어에서 한 문장의 논리적 주어와 문법적인 주어는 전반적으로 일치한다. 그러나 이러한 문장의 경우 규칙은 반대가 된다. 즉, 수동 구문은 어순이 바뀐다.

격변화와 같이 상당히 쉽게 사용하는 언어도 사실 굉장히 복잡한 신호 체계이며, 완벽하게 습득하려면 훈련이 필요하다. 격변화와 말의 성분은 정확하고 신뢰할 수 있는 사고의 도구이기 때문에 언어를 유창하게 구사하기 위해서는 복잡한 표현법을 이해해야 한다.

그렇다면 그러한 것들을 완벽하게 습득하기 위해 무엇이 필요할까? 그중 하나는 이러한 문법적 요소들을 기억하고 개별 언어와 그들이 불러일으키는 이미지들 간의 관계를 신속하고 즉각적으로 인식할 수 있는 능력이다. 이 일기를 쓰고 있는 환자는 복잡한 체계(공간적, 언어적인 관계)를 즉각적으로 파악할 수 있는 능력이 없다. 대뇌피질의 손상으로 시각적인 정보를 평가할 수 있는 뇌 영역의 기능이 저하되었다(신경학자들의 표현을 빌리자면, 따로 떨어진 부분들을 즉시 하나로 통합하는 능력이다).

이는 앞서 기술했던 대뇌피질의 손상이 공간 인식은 물론 언어 구사를 불가능하게 만드는 이유를 설명해준다. 단어들 간의 상호 관계를 즉시 파악할 수 없고 그 안에 함축된 의미를 판단할 수 없는 사람이 복잡한 구문 패턴을 이해하는 것은 도저히 불가능한 일이다.

이 환자는 앞서 언급한 두 구문(아버지의 형, 형의 아버지)을 봤을 때 처음에는 의미가 명확하게 다가온다고 생각했다. 그는 이 구문에서 '아버지'와 '형'을 해석할 수 있었다. 그는 이 문장을 어떻게 이해했을까? 과연 두 명사 간의 관계를 이해했을까? 각각의 문법적 구문이 무엇을 지시하는지 이해했을까? 그러나 이 두 구문을 이해하는 것은 불가능했다. 그의 눈에는 똑같아 보였지만 사실 다른 대상을 지칭하고 있다. 그는 단어의 표면적 의미를 뛰어넘어 단어 배열에 함축되어 있는 의미를 파악할 수 없었다. 그리고 '정사각형 아래 원'과 '원 아래 정사각형'에서도 비슷한 문제가 있었다. 두 구문에 같은 단어들이 포함되어 있기 때문에 동일한 뜻을 나타내는 것처럼 보였던 것이다. 그렇지만 그는 두 구문에 차이가 있다는 점은 분명하게 인식하고 있었다.

그에게는 아주 간단한 비교급 표현을 이해하는 것도 능력 밖의 일이었다. 예를 들면, "파리는 코끼리보다 큽니까?Is a fly bigger than an elephant?" 혹은 "코끼리는 파리보다 큽니까?Is an elephant bigger than a fly?"와 같은 문장들이다. 우리는 수년간 이 환자의 손상된 뇌가 이해할 수 있는 언어 신호가 무엇인지를 정확히 알아내기 위해 다양한 문법 구문을 통해 수천 가지 실험을 했다. 따라서 언어학적 분석이 심리학 연구의 중요한 도구가 된 것이다. 이 환자는 특정 문법 구조에 내재된 문제점을 평가할 수 있는 중요한 도구가 된다는 사실을 입증했다.

이 환자가 앞서 언급했던 두 개의 구문 중에 단어의 어순과 사건의 발생 순서가 일치하는 문장만 이해할 수 있다는 분명한 결론에 도달했다. 이러한 문장은 생각을 표현하기 위해 복잡한 기호들을 사용하지 않는다. 그러므로 그가 다음의 문장 순서를 따라가는 것은 어렵지 않다. "겨울이 왔다. 날씨가 점차 추워졌다. 눈이 내리고 연못이 얼었다." 그는 다음 예문처럼 약간 복잡한 문장들도 이해할 수 있었다. "어머니와 아버지가 극장에 가고 없을 때, 나이 많은 유모와 아이들은 집에 남아 있었다." 여기에 제시된 문장에서는 단어의 순서와 생각의 순서가 일치하고, 이미지들이 쉽고 논리적으로 전개된다.

그러나 그는 동일한 수의 단어로 이루어진 또 다른 문장을 이해하는 것은 어려워했다. "던야Dunya의 학교에서 한 여공이 발표했다At Dunya's school one of the women workers from the factory gave a report." 그는 이 문장을 어떻게 이해했을까? 보고서를 제출한 사람은 누구일까? 던야인가, 아니면 여공인가? 던야는 어디에서 공부하고 있는가? 공장에서 온 사람은 누구인가? 그녀는 어디에서 이야기를 했나? 이 문장에 사용된 문법 구조를 이해한 사람은 이 질문에 정확하게 대답할 수 있을 것이다. 그러나 이 환자의 부상당한 뇌로는 문장의 독립적인 요소들을 결합하고 합성할 수 없으며, 요소 간의 관계를 인식하지 못하고, 그것을 하나의 내용으로 묶을 수 없다. 그가 이 문장을 이해하기 위해 아무리 필사적으로 노력한다 해도, 이 문장을 이해하는 것은 능력 밖의 일이다.

앞서 이야기했던 "나뭇가지 위에 새 둥지가 하나 있다There is a

bird's nest on the branch of the tree."에서도 비슷한 문제점이 보였다. 처음에 그는 어린이 읽기 교본에서 발췌한 이 문장이 굉장히 쉽고 간단하다고 생각했다. 그러나 그는 앞서 확인했던 문제점에 부딪혔다. 즉, 그는 나뭇가지, 나무, 새, 둥지와 같은 단어들이 서로 연관이 있다는 것을 인식하지 못했다. 그렇다면 어떻게 이 단어들을 하나의 생각으로 결합할 수 있을까?

실험이 시작된 후 일기에 새로운 내용들이 등장했는데, 그가 재활병원에 와서 치료를 시작하고 나를 처음 만난 직후 몇 달간의 이야기들이 기록되어 있었다. 그는 지난 25년간 쓴 일기에 언어와 관련된 경험을 기록했다. 그는 손상된 뇌로 언어 장애를 극복하기 위해 필사적으로 노력했지만 큰 성과를 거두지는 못했다.

의사는 내게 사진 한 장을 보여주며 그것이 무엇이냐고 물었다. 나는 사진 속에서 두 사람을 봤지만 답하기까지는 시간이 좀 걸렸다. 나는 이렇게 말했다. "이건 여자고…… 음…… 또 이건 어린 여자 애예요." 그는 내게 이 두 사람은 엄마와 딸이라고 설명해주었다. 참으로 이상한 일이지만 나는 그런 단어들을 이해하지 못한다. 의사가 내게 엄마의 딸이 무슨 뜻인지, 또 그것이 한 사람을 지시하는 것인지 두 사람을 지시하는 것인지 아느냐고 물었기 때문에 당혹스러웠다.

나는 그 사진을 이해하지 못했다. 나는 '엄마'와 '딸'이라는 단어의 뜻은 알고 있었지만, '엄마의 딸'이라는 표현은 알지 못했다. 의사는 내게 아는 대로 답해보라고 말했고, 나는 의사에게 두 사람, 즉 엄마와 딸을 뜻한다는 의미로 손가락 두 개를 세워서 보여주었다. 그때 의사가 '엄마의 딸'이 무슨 뜻이냐고 물었다. 한참 동안 생각했지만 답할 수가 없어서, 사진 속의 두 사람을 가리키기만 했다. 나는 '엄마의 딸'과 '딸의 엄마'가 같은 표현처럼 생각됐기 때문에 그에게 같은 표현이라고 말하곤 했다.

다음 날 의사가 보여준 또 다른 사진에도 똑같은 반응을 보였다. 그는 사진 속의 인물들을 가리키며 '주인의 개'가 무슨 뜻인지 아느냐고 내게 물었다. 또다시 한동안 생각에 잠겼지만 결국 '엄마의 딸'이라는 표현과 같다고 말했다. 즉, 그것은 주인과 개, 두 가지를 뜻한다고 말했다. 그리고 또다시 손가락 두 개를 보여주었다. 그러자 그는 내게 주인의 개를 가리켜보라고 말했다. 나는 거듭 생각했지만 결국 '주인의 개'와 '개의 주인'은 같은 것이라고 말했다. 나는 이 표현들을 잘 몰랐다. 이 표현들 속의 두 단어가 밀접하게 연관되어 있다는 사실을 인식하면서도 어떤 관계가 있는지는 알 수 없었다.

나는 또한 "파리는 코끼리보다 큽니까?" 혹은 "코끼리는 파리보다 큽니까?"와 같은 표현도 이해하지 못했다. 파리는 작고 코끼리는 크다는 것은 알았지만 '더 크다'와 '더 작다'와 같은 단어들을 이해하지 못했다. 가장 큰 문제는 그것들이 어떤 단어를 지시하는지 모른다는 사실이었다.

　물론 나는 파리와 코끼리가 무엇인지, 그리고 어떤 것이 크고 어떤 것이 작은지 알고 있다. 그러나 이 문장에서 '더 크다'와 '더 작다'라는 단어들을 이해할 수 없었다. 정확하게 답하기 위해서 이 단어를 거듭 보고 생각했다. 그렇지만 여전히 '더 크다'나 '더 작다' 같은 단어의 뜻은 정확하게 알지 못한다.

　나는 항상 "파리는 코끼리보다 더 작다."라는 표현이 매우 작은 코끼리와 굉장히 큰 파리에 관한 이야기라고 생각한다. 내가 다른 환자들에게 물어보니, 그들은 그것이 정반대라고 말해주었다. 나는 이 표현을 암기하려고 애썼지만, 의사는 언제나 다른 방식으로 이 개념을 표현했다. 예를 들면 "파리는 코끼리보다 더 작은가요, 아니면 더 큰가요?" 또는 "파리가 코끼리보다 더 큰가요, 더 작은가요?" 아니면 "코끼리는 파리보다 더 큰가요, 더 작은가요?" 혹은 "코끼리와 파리, 어떤 것이 더 크죠?" 등등.

　나는 이 표현에 대해 거듭 생각했지만 혼란스러워지기만 했다. 기억이 앞뒤로 질주하는 바람에 머리 통증은 더욱 심해졌다. 나는 이래저래 정답을 말할 수 없었고 여전히 이런 표현들을 정확히 이해하지 못한다.

　치료사 A. R.이나 O. P.는 이따금 이렇게 말하곤 했다. "십자가 위에 원을 그려봐요. 어떤 도형을 위에 그리고 어떤 도형을 아래에 그려야 할까요?" 나는 너무나 혼란스러워 즉시 답을 할 수 없었다. 한동안 그 질문에 대해 생각해보지만 어떻게 그려야 할지 도통 알 수 없었다. 그래서 답을 하지 않거나 머릿속에 떠오르는 대로 아무렇게나 말해야 했다. 부상을 입은 이후, 원을 어디에 그려야 하는지(위쪽인지 아래쪽인지)와 같은 문제들을 풀 수 없었다. 뿐만 아니라 거꾸로 된 질문, 즉 '원 위의 십자가'도 이해할 수 없기는 마찬가지였다. 내게는 이 두 가지 표현이 같은 것으로 느껴지지만, 치료사 O. P.는 '십자가 위의 원'과 '원 위의 십자가'는 서로 다른 것이라고 말한다. 그녀는 '~위에'라는 뜻은 '~보다 높은 곳에'라는 뜻이고 '~아래에'는 '~의 밑에'라는 뜻이라고 끊임없이 설명해준다. 그러나 나는 '십자가 위의 원'이라는 표현에서 '위의'가 무엇을 의미하는지 모르겠다. 아무리 생각해봐도 아무 생각도 떠오르지 않는다. 어찌 된 일인지 나는 이런 문제들을 이해할 수 없다.

나는 '위'와 '아래'라는 단어의 뜻을 알고 있다(침대 위쪽에 램프가 있다, 침대 아래쪽에 램프가 있다). 그러나 O. P.의 질문에 답하려고 애쓸 때 너무나 정신이 없고 혼란스러웠다. 나는 '위'라는 단어와 '아래'라는 단어의 뜻을 알고 있지만 이 두 단어와 '원'과 '십자가'라는 도형을 연결시킬 수 없었다. 나는 여전히 그것을 하지 못한다. 이 문제처럼 내가 이해하지 못하거나 즉시 답을 할 수 없는 것들이 많다. 말을 하려 하거나 기억해내려 할 때마다 그런 것들을 이해하지 못한다.

나는 처음에 '빌리다'와 '빌려 오다'의 뜻을 전혀 이해하지 못했다. "소냐가 바르야에게 100루블을 주었다." 또는 "바르야가 소냐에게 100루블을 주었다."와 같은 문장들은 쉽게 이해한다. 그렇지만 "이반은 세르게이에게 30루블을 빌렸다."라는 문장의 의미를 이해하지 못한다. 누가 돈을 받았다는 말이지?

의사는 나에게 다양한 색의 고양이 사진이 있는 앨범을 보여주면서 검은 고양이가 흰 고양이보다 작지만 붉은색 고양이보다는 크냐고 물었다. 나는 이 말의 뜻을 파악하기가 굉장히 힘들었다. 뿐만 아니라 단어의 수가 너무 많았다. 부상을 입은 이후 한 낱말에 또 다른 낱말만을 비교할 수 있었다. 즉, 한 가지 생각만 파악할 수 있다는 뜻이다. 이 질문 안에는 너무 많은 개념들이 포함되어 있기 때문에 혼란스러웠다. 나는 사진 속에서 검은 고양이를 본 다음 약간 작은 흰 고양이를 본 후, 가장 작은 붉은 고양이를 봤다. 이 고양이들을 보고 각각의 고양이가 얼마나 큰지를 파악할 수 있다. 그러나 나는 이 고양이들을 비교할 줄 모르고 '더 크다'와 '더 작다'라는 단어의 뜻을 알지 못한다. 나는 이 단어들이 어떤 고양이를 지칭하는지 몰랐다.

마침내 알파벳의 모든 글자들을 기억할 수 있게 됐다. 물론 그렇게 되기까지 많은 노력이 필요했다. 그러나 '더 작은'이나 '더 큰'과 같은 단어들을 연결했던 것은 기억해내지 못한다. 나는 스스로에게 던진 질문에 답을 생각해내기까지 시간이 오래 걸린다.

이러한 질문 속에 들어 있는 단어의 순서가 바뀌면, 그 의미도 완전히 변한다. 그래서 파리와 코끼리가 무엇인지 알고 있는데도 이렇게 쉬운 문제의 답을 확신할 수 없다. 몇 가지 단어를 가지고 수천 가지 방법으로 배열할 수 있지만, 내 기억력은 이 모든 것을 감당할 수 없다. 이처럼 쉬운 문제를 푸는 것도 어렵다면, "원은 삼각형 위에 있는가, 아래에 있는가?"와 같은 질문을 이해하는 것도 어려울 것이다. 세상에는 이보다 훨씬 복잡한 개념들이 수천 가지나 있다. 부상을 입은 이후 나는 이런 문장의 의미를 파악할 수 없었다. 특히 빠르고 즉각적으로 파악해야 할 때 그랬다. 이런 문장 하나를 파악하는 데도 시간이 오래 걸렸다. 문장 이쪽에서 저쪽으로 왔다 갔다 하면서 올바른 답을 찾기 위해 노력했다.

때때로 코끼리와 파리에 관한 질문처럼 간단한 문제들을 이해하고 어떤 것이 옳고 그른 것인지 판단하기 위해 노력한다. 단어의 배열이 바뀌면 문장의 의미도 바뀐다는 사실은 알고 있다. 처음에는 그렇다고 생각하지 못했으며, 단어의 순서가 바뀌든지 그렇지 않든지 전혀 달라 보이지 않았다. 그렇지만 한동안 그것에 대해 생각한 후, 단어의 순서가 달라질 때 단어의 의미가 변한다는 사실을 알아챘다. 그래도 내 머리, 즉 기억은 '더 작은'이라는 단어가 무엇을 지시하는지 신속하게 파악할 수 없다. 그래서 이 단어들을 한동안 생각해야만 한다. 물론 이미 오래전에 "파리는 코끼리보다 작다."라는 문장이 옳다는 것을 알아냈다. 그러나 이 단어들의 순서가 바뀌면 그 의미를 파악하기 위해 오랫동안 생각해야 한다. 이것은 단어를 구성하는 글자와는 아무 상관이 없다. 부상 이후, 알파벳 글자들을 다시 익혀서 (물론 빨리는 아니지만) 모든 글자들을 구분할 수 있다. 문장 속의 단어들은 자리가 바뀌면 그 의미가 완전히 바뀌게 된다. 그렇기 때문에 내게는 "파리는 코끼리보다 크다."와 같이 말도 안 되는 엉터리 문장도 별문제가 없는 것처럼 보이고, 그 문장을 파악하는 데 시간이 오래 걸린다. 그리고 사람들은 이처럼 다양한 표현을 수없이 사용한다. 그래서 언제나 당혹스러운 상황에 부딪히게 되고, 발작이 일어날 때는 단어들을 이해하는 것이 훨씬 더 어렵다.

문법 구조 속에 함축된 논리를 이해하지 못하는 것이 가장 큰 장애였고, 어떤 뇌 기능이 손상됐는지를 보여주는 가장 확실한 증거였다. 그 자신도 이 사실을 인식하고 있었으며, 의사로부터 '지적 실어증'이라는 용어를 배운 후부터는 자신의 병을 그 용어로 설명했다. 그는 정확하고 노련한 연구자처럼 자신의 문제점을 자세하고 논리적으로 분석했다.

심각한 머리 부상을 당했거나 뇌 질환이 있는 사람은 단어의 의미를 신속하게 이해하거나 인식하지 못하고, 말하거나 생각할 때 많은 단어를 기억해낼 수 없다. 그리고 그 반대의 경우도 마찬가지이다. 사물을 지시하는 단어를 들었을 때, 단어의 뜻을 알고 있으면서도 사물의 모습을 떠올릴 수 없다.

질병 때문에 공간적인 인식 능력이 사라졌으며, 소리가 어디에서 나는지도 판단할 수 없게 됐다. 나는 언제나 망설이면서 똑바로 조준하기 전에 이리저리 방향을 바꿔야 한다(예를 들어, 울타리나 헛간에 못 하나를 박기 전에 여러 차례 헛손질을 해야 한다). 전쟁터에서 입은 머리 부상 때문에 기억력은 아주 못쓰게 되어, 아무것도 기억해낼 수 없게 됐다. 이는 심각한 머리 부상의 결과물이었다.

이 모든 것을 나는 '지적 실어증'이라고 부른다. 단어들을 발음하지 못하고, 단어를 듣고도 그 사물을 시각화하지 못하며, 생각을 연결하고 의미를 담고 있는 무수히 많은 단어들을 이해하지 못하는 모든 상황을 지칭하기 위해 이 표현을 사용한다. 나는 지난 과거들을 돌이켜보면서 나의 불행을 그렇게 이해했다.

그는 자신의 증상이 비참할 정도로 심각하다는 것을 알고 있었으며, 무슨 일이 있더라도 잃어버린 것을 되찾겠다고 결심했다. 이는 이해할 수 없는 것을 이해하고 생각할 수 있는 능력을 회복하기 위한 싸움의 시작이었다. 그는 노련한 심리학자들과 치료사들에게 도움을 받았다. 그들은 자세츠키와 함께 지원 기술, 행동 알고리듬 등 10여 가지 방법들을 고안했다.

그들은 자세츠키가 어려운 구문을 분석하고 이해할 수 있게 도와주고, '내 아버지의 형'과 같은 구문을 통해 스스로에게 "누구의 형이지?"와 같은 질문을 해야 한다고 설명해주었다. '십자가 위의 원'과 같은 구문도 마찬가지로 설명했다. 그들은 사진을 뒤집어 보여주면서 '아래'와 '위'가 지시하는 것이 무엇인지를 설명해주었다. 비교급에 대해서도 그들은 각각의 요소들을 가능한 한 구체적으로 설명하기 위해 노력했다. 그들은 "코끼리는 파리보다 크다."라는 문장은 코끼리가 크다는 것을 의미한다고 설명해주었다. 그럼 무엇보다 크다는 것일까? 바로 작은 파리보다 크다는 뜻이다.

그들은 짧고 간단한 수술을 길고 세부적인 사고를 필요로 하는 지원 기술로 대체한 것처럼 보였다. 이 지원 기술은 이해를 돕는 목발에 비유할 수 있다. 그러나 이 기술을 통해 그는 비로소 복잡한 문법 구문의 의미를 이해하기 시작했다. 그는 싸움에서 결코 완벽하게 성공하지는 못했다. 희망의 불씨를 되살렸지만, 그는 고통스러운 좌절의 순간들을 수없이 경험해야 했다. 성공은 결코 빨리 찾아오지 않았기 때문이다. 몇 년이 지난 후에도 그는 문법 구문을 즉시 이해하지는 못했다.

25년간 끊임없이 노력하고도, 위에서 예로 든 구문들은 여전히 판독이 불가능한 수수께끼나 다름없었다. 비교문의 용어를 하나하나 꼼꼼하게 분석하지 않으면, 어순 변화를 즉시 인식하지는 못할 것이다. 앞에서 말했던 것처럼, 그에게 이러한 표현은 언제나 모호하고 똑같은 것처럼 보이면서도 어딘지 모르게 달라 보였다. 그리고 이 표현들을 분석한 후에도 그 의미를 확신할 수 없었다.

지식은 사라져도
상상력은 남는다

그가 문법 구문에 표현된 관계들을 이해하려고 애쓰면서 겪은 어렵고 불가능했던 문제점들은 더욱 심각한 문제를 만들어냈다. 그가 학창 시절에 습득한 지식을 아무것도 기억해낼 수 없다는 것이었다.

우리가 학교나 전공 분야에서 배운 것은 완전한 사고의 틀, 즉 교육을 대표하는 지식의 본질과 조화를 이룬다. 마르크스의 《자본론》을 기억할 수 없는 것과 마찬가지로 수학을 쉽게 기억할 수는 없다. 배우고 이해한다는 것은 개념을 흡수하고, 개요처럼 간명한 형태로 간직하는 것을 의미한다. 그리고 나중에 이 지식을 되살려서 더욱 확대할 수 있다. 물론 일시적으로 수학이나 유전의 원리들을 잊어버릴 수는 있지만, 잊어버린 정보는 기억을 환기시키면 쉽게 되살아난다. 지식은 도서관의 책이나 창고의 물품처럼 기억에 저장되어 있는 것이 아니라, 사고의 틀을 형성하는 체계화라는 간결한 시스템을 통해 보존된다. 그러므로 기억이 간결한 방식으로 보존하고 있는 것은 무엇이든 재생하거나 확대할 수 있다.

이 환자는 바로 이런 능력을 상실했다. 계속해서 들어오는 정보를 즉시 이해할 수 있도록 간결한 패턴으로 전환시키는 대뇌피질 영역이 파괴되었기 때문이다. 이러한 사실은 그가 과거에 알고 있던 지식을 복구하려고 애쓸 때 더욱 극명하게 드러났다. 그에게는 비극적인 손실이었다.

나는 정말 아무것도 기억하지 못한다. 내가 이해할 수 있는 단편적인 정보들은 한두 분야와 관련되어 있다. 그렇지만 그게 전부이다! 어떤 주제에 대해서도 지식이라고 할 만한 것이 전혀 없다. 내 과거는 모조리 삭제됐다.

부상을 당하기 전에 나는 사람들이 말하는 모든 것을 이해했고, 어떤 학문이든 배우는 것이 어렵지 않았다. 부상 이후 나는 과학과 관련해서 배운 모든 것을 잊어버렸다. 내가 배운 지식은 모두 사라졌다.

나는 초등학교를 다녔고, 중학교를 우등으로 졸업했으며, 툴라의 과학 기술 전문학교에서 3년 과정을 끝마쳤고, 화학 과목에서 우수한 성적을 거뒀으며, 전쟁이 발발하기 전에 예정보다 빨리 모든 필수 과정을 이수했다는 사실을 알고 있다. 또한 서부 전선에 있었고, 스몰렌스크에서 독일군 방어선을 뚫으려 했던 1943년에 머리 부상을 입었으며 예전의 삶으로는 결코 돌아갈 수 없다는 것도 알고 있다. 그러나 나는 공부했던 것, 과학이나 이수 과목들을 기억할 수 없다. 나는 모든 것을 잊어버렸다. 6년 동안 독일어 공부를 했지만 지금은 단 한 글자도 기억하지 못한다. 그리고 기술학교에서 3년간 영어를 배웠지만 이것 역시 단 한 자도 기억하지 못한다. 너무나 완벽하게 잊어버렸기 때문에 전혀 배우지 않은 것이나 다름없다. 삼각법, 입체기하학, 화학, 대수 등과 같은 단어들이 떠오르지만, 나는 그것들이 무슨 뜻인지 전혀 모른다.

내가 중학교 시절과 관련해서 기억하고 있는 것은 몇 가지 단어들이다(간판이나 과목명 같은 것들). 예를 들면, 물리학, 화학, 천문학, 삼각법, 독일어, 영어, 농업, 음악 등등인데, 더 이상 이러한 단어의 의미를 알지 못한다. 그저 어렴풋하게 이 단어들이 친숙하다고 생각할 뿐이다.

나는 동사, 대명사, 부사와 같은 단어들을 들으면 친숙하게 느끼지만 그 뜻은 알지 못한다. 물론 지금은 기억하지 못하지만 부상당하기 전에는 이 단어들을 알고 있었다는 사실은 안다. 예를 들어, '멈춰!' 라는 단어를 듣게 된다면, 이 단어가 동사라는 것은 안다. 그러나 그것이 내가 아는 전부이다. 1분 후면 동사라는 단어도 잊어버릴지 모른다. 아니, 머리에서 사라진다. 기억이, 뇌의 일부분이 사라져버렸기 때문에 나는 여전히 문법이나 기하학을 기억하지도, 이해하지도 못한다.

때때로 기하학, 물리학 혹은 문법 교과서를 들춰보겠지만 곧 싫증을 느끼고 던져버릴 것이다. 중학교 교과서도 이해할 수 없기 때문이다. 뿐만 아니라 이해하려고 안간힘을 쓰면 두통이 너무 심해지고, 한번 보는 것만으로도 긴장돼서 안절부절못하게 된다. 도저히 참을 수 없는 피로와 강한 혐오감이 나를 엄습한다.

치료사들은 그를 가르치기 위해 애썼다. 그는 잃어버린 지식을 일부분이라도 회복하기 위해 안간힘을 썼으며, 한때는 쉽게 이해할 수 있었던 문제나 원리를 이해하기 위해 몇 시간씩 앉아 있곤 했다. 그러나 이 모든 노력은 허사였다.

최근에는 철학 학위를 받은 젊은 M. B.가 내게 기하학을 가르쳐주느라고 애를 먹고 있다. 처음에는 고등학교 교과서를 가지고 '점', '선', '평면', '표면'과 같은 기하학의 기본 개념들을 설명해주었다. 그런 다음 원리들에 대해 이야기하기 시작했다. 이상한 점은, 지금은 이해할 수 없지만 한때 내가 이런 원리들을 알고 있었다는 사실을 기억한다는 것이었다. M. B.가 여러 차례 설명해주었지만, '평면', '선', '표면'이 무엇을 의미하는지 여전히 기억하거나 이해하지 못한다. 게다가 내가 굉장히 무식하고 멍청해 보였을 것이라고 생각하니 매우 언짢아진다. 그래서 나는 그가 말할 때, 모든 것을 이해한 것처럼 무조건 "아, 네!"라고 계속해서 대답했다. 그렇지만 나는 그의 설명을 전혀 이해할 수 없었고, 그가 사용하는 단어들을 이해하지 못했다. 나는 사물이 그려진 그림에 의존해야 했다. 그런 것이 없다면 말로 설명된 것은 하나도 이해할 수 없었을 것이다. 항상 그림 위에 있는 글, '이것은 선이다', '이것은 점이다', '이것은 평면이다' 등과 그림을 비교해야 했다. 아무리 여러 차례 반복해서 설명을 들어도, 여전히 이 개념들을 설명하거나 명확하게 이해하지 못한다. 나조차도 이 모든 것이 이상하게 보인다. 언제나 술에 취해 있는 것처럼 머리가 쑤시고 안개 속에 있는 것만 같다. 무슨 영문에서인지 '표면', '원주'와 같은 단어들을 이해하지 못한다. 내가 이해할 수 있는 것은 글이나 말로 된 설명이 아니라 책에 그려진 그림이다. 나는 '각도'나 '곡선'이 무슨 뜻인지 이해하지 못한다. 평면이나 도형을 이해하는 것은 어렵지 않았지만, 다른 것과의 관계를 고려해서 시각화하고 재배열해야 하는 입체감이 있는 도형은 이해하지 못한다. 어렵기는 하지만 두 면의 길이를 가지고 직사각형의 면적을 판단하는 법은 알고 있다. 그러나 '각도'나 '곡선'이 무엇을 뜻하는지는 모르며, 그것들을 지구 면적과 같이 구체적인 것과는 연결할 줄 모른다.

M. B.는 "내각에 인접하지 않은 삼각형의 외각은 각각의 내각보다 더 크다."는 원리를 가르쳐주려고 했다. 나는 처음에 이 용어들과 정의(인접한, 각, 내각, 외각)를 이해하지 못했다. 그러나 그림을 보고 난 후 조금은 이해할 수 있었다. 문제는 하나의 원리와

다른 원리들이 연결되어 있다는 것이며, 그것을 기억할 수 있어야 한다는 점이다. 그러나 내게는 불가능한 일이다. 이런 원리에서 '더 작은'과 '더 큰'과 같은 용어들의 의미를 기억하고 비교해야 한다. 물론 나는 양적인 면에서 '더 큰'과 '더 작은'이라는 단어의 뜻을 알고 있다. 그렇지만 이 용어들 사이에 단어가 몇 개 더 있을 경우 그것이 의미하는 사실을 이해하지 못한다. (나는 무엇이 앞에 오고 뒤에 오는지 구분하지 못한다.) 나는 코끼리와 파리의 문제에서처럼 명확한 것만 이해할 수 있다. 그럴 경우 '더 크다'는 단어가 지시하는 것을 이해할 수 있다. 오래 노력한 끝에 마침내 하나의 원리를 이해할 수 있지만 다음 원리로 옮겨가면 곧바로 잊어버린다.

언제나 마주치게 되는 단어와 개념을 파악하기 위해 몸부림쳐야만 했다. 한 달 혹은 두 달 동안 매일 연습하면 M. B.가 가르쳐 준 원리에 포함된 단어를 기억할 수도 있지만, 그는 또다시 새로운 원리와 정의들을 알려주었다. 그리고 나는 원리와 그에 포함된 단어나 개념을 기억하지 못했기 때문에, 수업을 통해 배운 것이 아무것도 없었다. 항상 이런 식이었다. 하나의 원리를 기억하고 싶다면, 한두 달 정도 공부해야 했다. 건망증이 심했기 때문에, 원리나 개념을 배울 때는 어휘를 익힐 때와 같은 행운을 더 이상 기대할 수 없었다. 그리고 한동안 특정 원리를 기억해내지 않으면, 배우려고 애썼던 다른 원리를 모두 잊어버린 것처럼 완벽하게 잊어버리고 말았다.

기억력이 너무나 형편없기 때문에 기하학, 문법 또는 다른 학문을 이해하는 것은 불가능해 보인다. 나에게 너무나 끔찍한 일이 벌어졌다. 현재 내가 앓고 있는 병은 무뇌충처럼 평생을 살아야 한다는 뜻이나 마찬가지이다. 금방 기억했던 것도 잠시 후면 까맣게 잊어버리고 말기 때문에, 원리를 이해할 수도 없고 심지어는 주변의 아주 사소한 일도 기억할 수 없다.

그는 기하학, 물리학, 문법과 같이 복잡한 사고체계뿐만 아니라 초등학교 1학년생이나 배울 법한 간단한 산수도 이해하지 못했다. 이는 쉬운 산수 체계를 이해하는 것이 복잡한 과학적 개념을 이해하는 일보다 결코 쉽지는 않다는 사실을 의미했다.

나는 부상 때문에 숫자 세는 법을 모두 잊어버렸다. 처음에는 숫자를 전혀 알지 못했다(알파벳 글자를 모두 잊어버렸던 것처럼 숫자도 모두 잊어버렸다). 곧 이 이상하고 끔찍한 꿈에서 깨어나길 바라면서 다시 한 번 선생님 옆에 자리를 잡고 앉았다.

한동안 숫자 하나를 쳐다보지만 기억해낼 수 없어서 생각이 떠오를 때까지 기다려야 한다. 결국 첫 번째 숫자인 '1'을 기억해냈고 그 다음부터 순서대로 수를 세기 시작해서 7까지 셌다. 이때 나는 소리를 지르다시피 하면서 표에 있는 7을 가리켰다. 그러나 이따금 6 곱하기 6이 36인지, 46인지 혹은 40인지 알지 못한다. 때때로 2 곱하기 2가 얼마인지 확실히 답하지 못할 때도 있다(나 자신도 이것을 인식하고 있다). 어두운 그림자가 손상된 내 기억을 완전히 백지 상태로 만들어버린 것만 같았다. 나는 최근까지도 구구단을 제대로 외우지 못했다.

이런 측면에서 나는 다섯 살짜리 어린아이 같았다. 처음에는 숫자를 하나도 기억하지 못했다. 다시 공부하기 시작했을 때 글자를 배울 때보다 훨씬 빠르게 숫자를 배울 수 있었다. 숫자들은 상당히 비슷하기 때문이었다. 숫자는 무조건 처음부터 10까지만 기억하면 된다. 약간의 변화가 있다는 것 말고는 그 다음부터 숫자가 반복되기 때문이다.

선생님은 내게 숫자를 거꾸로 세어보라고 했지만 너무나 힘든 일이었다. 그렇지만 점차 나아지고 있다. 내가 10까지 세자, 선생님은 내게 10을 빼고 거꾸로 숫자를 세어보라고 말했다. '9'라는 숫자가 즉시 떠오르지 않았기 때문에 나는 그 숫자가 나올 때까지 1부터 8까지 세어야만 했다.

처음에 더하기를 익히는 것이 매우 어려웠다(나는 숫자 세는 법을 다시 배우고 있었다). 언제나 숫자를 암송해야만 했으며 곧바로 기억해낼 수 없었다. 예를 들어, O. P.는 "10에 15를 더하면 얼마죠?"라고 묻곤 했다. 그러면 우선 10까지 숫자를 세고 10이라고 말한 다음, 그 숫자가 의미하는 바를 이해했다. 그런 다음 10부터

15까지의 숫자를 세서 그 숫자가 무엇인지 확인하곤 했다. 그 다음 나는 손가락을 전부 동원해서 25까지 숫자를 세야만 했다.

빼기는 훨씬 어려웠다. O. P.는 "20에서 10을 빼면 얼마가 남죠?"라고 물었다. 나는 수를 계산하기 시작했다. 우선 20까지 숫자를 센 다음, 숫자 10이 나올 때까지 다시 숫자를 센다. 나는 10 더하기 10은 20이며, 20에서 10을 빼면 10이 남는다는 사실을 알게 됐다. 결국 이 문제를 풀었지만 푸는 속도가 굉장히 더뎠다. 그 다음에는 1단위가 아닌 10단위로 수를 세는 법을 알게 됐다. 소리 내지 않고 혼잣말로 조용히 연습했다. 이 방식으로 조금 빠르게 숫자를 셀 수 있게 됐지만 숫자 공부는 여전히 힘들고 어려웠다.

O. P.는 내게 구구단을 암기해보라고 했다. 그렇지만 항상 혼란스러웠다. 물론 몇 개는 곧바로 기억해낼 수 있었다. 예를 들면, 1 곱하기 1, 2 곱하기 2, 3 곱하기 3 등은 가능했다. 구구단 5단을 모두 기억해낸 뒤, 10 곱하기 5까지 외울 수 있게 되었다. 그래도 5단조차 자주 잊어버리곤 했다.

그리고 O. P.가 피감수, 감수, 나머지, 합계, 피승수, 피제수에 관해서 이야기할 때, 나는 멍하니 그녀의 얼굴을 바라보면서 친숙하지만 무슨 뜻인지 기억할 수 없는 용어들을 듣고만 있었다.

계산하기 위해 숫자를 적는 편이 훨씬 쉬웠다. 그것조차 내 기억력으로는 굉장히 힘든 일이었고, 언제나 멀리 돌아가는 방법을 사용해야만 했다. O. P.가 32에서 17을 빼보라고 하면, 굉장히 천천히 숫자를 세고 또 세기 시작했다. 또한 두 번 정도는 숫자를 다시 불러달라고 말해야 했다. 그런 뒤에 비로소 숫자를 세기 시작했다.

"32에서 2를 빼면 30이 남아요. 그럼 이제 17에 3을 더하면 20이 되는 거죠. 이제 30에서 20을 빼면 10이 남죠. 10에서 7을 빼면 3이 남고요. 3에 10을 더하면 13이 됩니다. 그런데 30에서 2가 남았죠? 그 2를 13에 더하면 15가 되는 거죠."

이렇게 숫자를 이리 빼고 더하는 식으로 우회적인 방법을 사용하지 않으면 이 문제를 풀 수 없었다. 숫자를 적을 경우엔 훨씬 빠르고 쉽게 계산할 수 있다.

이미 덧셈, 뺄셈, 곱셈, 나눗셈과 같은 간단한 용어의 의미를 알고 있었지만, 사용하려고만 하면 잊어버리는 경우가 종종 있었다. 나는 '차'나 '몫'과 같은 개념을 기억해낼 수 없었다.

언제나 숫자에 혼란을 느끼고 있었으며 더하거나 빼기를 할 때 답을 구할 수 없었다. 처음에 제곱근을 이해하는 것은 매우 어려웠다. 나는 49, 0.49, 4, 0.4의 제곱근을 구하는 방법을 금세 잊어버렸고, 이런 것을 즉시 이해하지 못했다.

우선 선생님은 내게 숫자 계산법(더하고 빼는 법)을 가르쳐주고 난 다음 구구단을 가르치기 시작했다. 몇 달 후 구구단을 대부분 암기할 수 있었지만 혼란을 겪기도 했으며, 5 곱하기 6처럼 간단한 것도 자신 있게 대답하지 못할 때가 있었다.

최근에 선생님은 간단한 산수 문제 푸는 법을 가르쳐주려고 애를 썼다. 이때 이미 초등학생들이 배우는 더하기, 빼기, 곱하기, 나누기 하는 법을 알고 있었다. 그러나 '뺄셈', '차', '몫'에 대해 이야기하면 이 용어들이 친숙하다고 느끼면서도 그 개념들이 전혀 생각나지 않았다. 물론 얼마 후 나는 이것들을 이해할 수 있었다. 그러나 '항', '차'와 같은 낱말들은 기억나지 않았고, 이 개념을 응용해서 문제를 풀 수 없었다. '차'가 뺄셈, 덧셈 혹은 나눗셈과 관련이 있는지 없는지를 파악하려고 노력했다. 선생님은 빨리 대답해보라고 재촉했지만 그때 이미 '차'라는 단어의 뜻을 잊어버렸다.

이것은 일상생활에서 엄청난 장애물이 됐다. 그는 가게에서 얼마를 내야 하는지, 잔돈을 얼마나 받아야 하는지 셈을 할 수 없었다.

나는 5 곱하기 5가 25인지 35인지, 아니면 45인지 오락가락하기도 하고, 6 곱하기 7처럼 어려운 조합은 기억해내지 못하기도 했다. 답을 말하려면 구구단을 처음부터 읊어야만 했다. 물론 집에서 숫자를 종이에 적을 때는 답이 맞는지 틀린지 판단하기가 어렵지 않았다. 그러나 가게에서 물건을 사거나 산책할 때 셈을 해보려고 하면 항상 실수를 하곤 했다.

그래서 나는 상점에서 먹을 것을 살 때 직접 돈을 세지 않는다. 계산원에게 무슨 물건이 0.5킬로그램이나 1킬로그램 필요하다고 말하고 돈을 내려놓으면, 계산원이 영수증과 잔돈을 건네준다. 그러면 나는 식품의 무게를 다는 판매원에게 다가가서 물건을 건네받는다. 그러나 상점에서 얼마를 썼는지 계산해보는 일 따위는 절대 하지 않는다.

이 문제는 숫자를 계산하는 데만 국한되지 않았다. 그는 체스나 도미노 같은 게임을 할 수 없다. 부상을 당하기 전 그는 이 게임에서 져본 적이 없을 정도로 잘했다.

부상을 입기 전 나는 모든 게임을 잘했지만 부상 이후에는 어떻게 하는지 전부 잊어버렸다. 나는 부상을 당하고 몇 년이 흐른 후에야 체스나 도미노 같은 게임을 다시 해봐야겠다고 엄두를 냈지만 실제로 다시 배울 수는 없었다.

전쟁이 일어나기 전에는 체스를 굉장히 잘 두었다. 부상 이후에 체스 두는 법과 말의 명칭을 잊어버렸다. 숫자와 글자를 기억하지 못한 것처럼 그것들도 잊어버린 것이었다.

나는 초급자들과 체스 놀이를 해봤지만, 말의 움직임을 생각해내는 데 시간이 너무 오래 걸렸다. 체스를 두면서도 말의 이름을 기억하지 못한다. 때때로 기사(말)와 왕(차르)을 기억하지만 나머지는 전혀 기억할 수 없다. 그리고 지난 20년간 말의 이름을 기억해내지 못했다.

나는 병원에 있을 때 말에 다른 이름을 붙여서 사용했다. 여왕은 차레브나(이 단어가 기억났을 때)로, 왕은 차르라고 불렀다. 기사는 소련 적군 장교 부데니의 말이라고 생각했다. 룩과 비숍은 각각 장교와 왕관으로 바꿔 불렀다. 이 단어들을 외우고 있으면 체스를 두기가 좀 더 쉬웠다. 그렇지만 체스를 두는 동안 이 명칭들을 잊어버리는 경우가 많았다. 그리고 읽기를 배울 때와 같은 문제를 겪어야 했다. 나는 체스판 위에서 두세 가지 말만 볼 수 있었다. 또한 체스판의 일부만 볼 수 있었기 때문에 다른 말들이 있다는 사실을 잊어버렸다. 말의 움직임도 미리 계획할 수 없었다.

그런데도 다시 체스를 두기 시작했다. 좀 더 정확히 말하면, 체스 두는 법을 배우기 시작했다. 얼마 안 가서 나는 말을 움직이는 법과 명칭을 알게 됐다. 물론 혼란스러워서 어려움을 겪기도 한다. 사실 체스를 두는 동안 말 움직이는 법과 명칭을 머릿속으로 계속 기억하는 것은 상당히 힘들었다. 말의 명칭을 빨리 기억해낼 수 없기 때문에, 체스를 두는 것이 여전히 어렵다. 처음 체스를 다시 시작했을 때 전혀 한 적 없는 초급자들과 함께 두다가 나중에는 나처럼 머리 부상을 당해서 체스를 잘 둘 수 없는 환자들과 두게 됐다. 말을 어떻게 움직일 것인지 결정하는 데 상당히 오랜 시간이 걸렸다. 나는 말의 명칭을 혼동했고, 체스판 위에 있는 다른 말의 위치를 기억하지 못했다.

나는 심각한 기억 장애 때문에 말의 움직임을 미리 계획하거나 예측할 수 없다. 이미 움직인 말을 기억하지는 못하지만, 한 번의 움직임을 미리 계획할 수는 있다. 심각하게 손상된 기억력과 시력 때문에 체스를 잘 둘 수는 없다. 실제로 체스판 위의 말을 볼 수 없고, 계속 머리를 이리저리 돌려가며 말의 배열을 살펴봐야 한다. 중노동이나 마찬가지이다. 체스를 둘 때면 끔찍한 두통과 통증을 느끼고 어지럽기까지 하다. 기억은 희뿌연 안개 속에 싸인 것 같고 반수면 상태에 있는 것처럼 모든 것이 흐릿해 보인다. 나는 이런 상태에서 체스를 둔다.

체커를 둘 때도 똑같은 증상이 나타났다. 부상을 입기 전에 체커를 상당히 잘한 것이 사실이지만, 부상 이후에는 이 게임도 전혀 할 수 없었다. 병원에서 다른 환자들이 이 게임을 하고 있을 때, 상당히 친숙한 게임이라고 생각했다. 그러나 환자 한 명과 체커를 두기 시작했을 때, 몇 칸을 그리고 말을 어디로 움직여야 하는지 전혀 기억이 나지 않았다. 전체적으로 체커 게임을 어떻게 하는 것인지 기억할 수 없었다. 그래서 그 환자는 체커를 두는 대신 내게 체커 두는 법을 가르쳐줬다. 재미있는 놀이였지만 내가 배우기에는 너무 어려웠다. 게임을 하면서 곧 체커와 왕이 어떻게 움직이는지 알게 됐고 명칭도 기억할 수 있게 됐다. 체스 말의 이름을 외우는 것보다는 훨씬 쉬웠다. 그러나 체커를 배울 때도 어려운 점은 있었다. 매번 움직일 때마다 한동안 생각해야 했고, 혼돈스러워져서 이전에 말을 어떻게 움직였는지 잊어버렸으며, 한 번의 움직임만 미리 생각할 수 있었다. 나는 체스를 둘 때와 마찬가지로 상대방의 수를 전혀 읽지 못했다.

도미노 게임을 할 때도 상황은 마찬가지였다. 도미노 게임을 할 때는 블록 위의 점을 셀 수 있을 정도로 쉽게 느껴졌지만(최대 12개), 세부적인 것은 기억하기가 어려웠다. 나는 선수가 무엇을 내려놨는지 기억할 수 없었고 블록 위에 점을 더할 수도 없었다. 게임 때문에 굉장히 초조해지고 불안해졌기 때문에 게임을 포기하는 편이 나아 보였다. 너무 오랫동안 생각했기 때문에 함께 게임하던 사람들이 화를 냈다. 그리고 누구와 편을 먹든 나는 언제나 게임에서 졌다. 상대방 선수가 방금 내려놓은 블록이 무엇인지 기억할 수 없었기 때문이었다. 도미노의 블록 수는 28개밖에 되지 않지만 총 칸수는 49개나 됐다. 과연 그렇게 많은 수를 기억할 수 있을까? 왜 이렇게 힘들어하면서 절대 이길 수 없는 게임을 하고 있는 거지? 부상을 당하기 전 나는 도미노 놀이에서 져본 적이 없었기 때문에, 게임 자체가 너무 지루해서 하지도 않았다. 머리에 부상을 입었기 때문에, 이렇게 쉬운 게임에서조차 단 1점도 얻을 수 없었다. 부상으로 기억력(이런 쉬운 게임에도 논리적인 판단은 필요하다)과 시력이 극도로 손상됐기 때문에 나는 계속해서 도미노 게임을 하고 있다.

이 문제는 체스, 체커, 도미노 게임을 할 수 있는 능력에만 부정적인 영향을 미친 것은 아니다. 모든 사교 활동(대화, 영화, 음악회)이 불가능할 정도로 어려워졌다. 영화 속에 등장하는 일상생활의 쉬운 장면들은 모두 이해할 수 있다. 그러나 좀 더 난해한 장면들을 이해하는 것은 불가능하다.

나는 영화관에 자주 가는 편이다. 영화 보는 것을 좋아하는데, 영화가 나의 삶을 덜 지루하게 만들어주기 때문이다. 그러나 부상을 입은 후 빨리 넘어가는 자막을 읽을 수 없었다. 단어 몇 가지를 이해하고 나면 스크린은 이미 새로운 자막으로 바뀐 후였다. 그리고 스크린 전체가 아니라 중앙을 중심으로 왼쪽 스크린 일부만 볼 수 있다. 그래서 화면 전체를 보려면 머리를 돌려가며 스크린 이쪽저쪽을 쳐다봐야 한다. 그렇기 때문에 쉽게 피곤해졌고 눈과 머리를 뾰족한 것으로 찌르는 듯한 통증을 느껴야 했다. 자막이 없기 때문에 무성 영화를 이해하지 못한다. 사운드 트랙이 있을 경우에는 자막을 읽을 필요가 없지만 이해하기가 어렵기는 마찬가지이다. 배우들이 한 말을 이해하기도 전에 이미 새로운 장면이 시작된다. 대체적으로 굉장히 쉽고도 어린 시절부터 친숙하게 느껴오던 것들만 이해할 수 있다. 관객들이 어떤 장면에서 웃으면, 사람들이 왜 웃는지도 정확히 모른 채 그저 앉아 있기만 한다. 내가 이해할 수 있는 유일한 장면은 두 사람이 언성을 높이면서 주먹다짐을 하는 장면이다. 그런 장면은 말을 듣지 않아도 이해할 수 있었다. 영화를 보면서 이해했다고 생각하지만 영화가 끝나면 한 장면도 기억이 나지 않았다.

음악회를 가도 사정은 다르지 않았다. 공연자를 보고 들을 수 있지만 노랫말을 이해하지는 못한다. 또 노랫말을 이해하는 데 시간이 충분하지 않다. 나에게 노랫말은 단어의 집합에 불과하며, 들어도 기억이 나지 않고 금방 사라진다.

그는 부상을 입기 전과 마찬가지로 음악을 굉장히 좋아하며, 노랫말은 아니지만 노랫가락은 쉽게 기억할 수 있다. 이는 음악 또한 그가 이해할 수 있는 노랫가락과 전혀 이해가 되지 않는 노랫말로 이루어진 불완전한 정보에 불과하다는 뜻이다.

이는 기억력과 언어 구사력에 나타났던 증상과 비슷하다. 대화할 때처럼 나는 노랫말을 이해하지 못했다. 그러나 글자들을 알아보기 전에 알파벳을 기계적으로 읊을 수는 있었던 것처럼, 노랫가락을 이해하는 데는 별문제가 없다.

이것은 일부 뇌 기능은 온전한 반면 다른 기능은 완전히 파괴되어 나타날 수 있는 이분법적인 증상의 또 다른 예이다. 이러한 이유로 그는 간단한 대화의 요점이나 다양한 문법 구조는 파악할 수 없으면서도, 놀라울 정도로 자세하게 자신의 삶을 기술할 수는 있었던 것이다. 일기 한 장을 쓰는 데는 초인적인 노력이 필요했지만, 결국 수천 장에 달하는 일기를 썼다. 아주 기초적인 문제를 해결할 수 있는 능력조차 부족했지만, 그는 자신의 과거를 생생하게 들려줄 수 있었다. 뿐만 아니라 환상과 공감을 이끌어낼 수 있을 만큼 뛰어난 상상력을 소유하고 있다. 이제부터 그가 자신의 삶과는 완전히 다른 것을 상상하면서 써 내려갔던 일기의 일부분을 소개하고자 한다.

지금부터 내가 중병을 앓고 있는 환자를 진찰하고 있는 의사라고 가정해보자. 나는 진심으로 그 환자를 걱정하고 있다(결국 그도 힘없는 인간이다. 나도 언젠가는 병에 걸려 누군가의 도움이 필요할 것이다. 그러나 지금 당장 걱정하고 있는 사람은 이 환자이다. 나는 그에게 도움을 줘야 하는 의사이다).

그러나 내가 완전히 다른 부류의 의사라고 가정할 수도 있다. 환자들과 그들의 불평을 듣기 싫어하는 부류의 의사일 수 있다는 뜻이다. 의사라는 직업을 좋아하지 않으면서 어떻게 의사가 되겠다는 생각을 했는지 도무지 모르겠다. 재주가 있다면 모르지만 환자가 죽는데 내가 뭘 할 수 있을까? 사람이 죽는 것이 이번이 처음도 아니고 또 마지막도 아닐 것이다.

나는 여러 사람의 목숨을 구한 유명한 외과의사의 삶을 상상해본다. 사람들은 나를 '구세주'라고 부르면서 고마움을 표시한다. 나는 인간의 생명을 존중하기 때문에 인명을 구할 수 있어서 굉장히 행복하다. 한편, 다른 부류의 외과의사로 살아가는 내 모습을 상상해본다. 나는 잦은 실수 때문에 의사로서 명성을 얻지 못했다. 그렇지만 이런 실수들이 내 잘못이라거나 환자 혹은 내 태도 때문인 것처럼 보이지는 않는다. 어쨌든 나는 의사보다는 극장과 춤, 파티와 안락한 삶에 더 매력을 느낀다. 다른 사람들 앞에서는 인정하지 않지만, 나는 자신의 안위가 가장 우선이라고 생각한다.

나는 청소하는 일을 하는 한 여성의 삶처럼 완전히 다른 인생을 상상할 수도 있다. 삶은 고되지만 내가 무슨 일을 할 수 있을까? 다른 일을 할 수 있을 정도로 많이 배우지도 못했고, 읽고 쓸 줄도 모른다. 게다가 나이도 많다.

내가 뛰어난 엔지니어라면, 다른 공장이나 관리자들과 돈독한 유대관계를 맺고 있기 때문에 공장을 운영하는 일이 전혀 어렵지 않을 것이다. 당연히 엔지니어로서의 삶은 청소부 여인이나 부두 노동자보다는 훨씬 수월할 것이다.

그러나 머리가 퉁퉁 붓는 질병을 앓고 있는 여성이라면 어떨까? 나는 극심한 고통으로 제정신이 아니고, 병원에서 밤낮으로 사람들에게 비명을 질러대고 있다. 그래도 나는 죽고 싶지 않다. 나는 두개골을 심하게 다쳐서 앞이 보이지도 않고, 항상 어지럼증을 호소하며, 글을 읽거나 쓸 수 없게 된 아들을 걱정하고 있다.

또한 소식을 알 수 없는 다른 아들도 걱정스럽다. 1941년에 리투아니아로 파병됐다는 것이 내가 들은 마지막 소식이었다. 이 모든 슬픔이 나를 밤낮으로 괴롭힌다.

그의 생기 넘치는 상상력은 부상에도 파괴되지 않고 남아 있었다 (어떤 신경학자들은 뇌의 우반구가 이러한 능력을 통제한다고 믿고 있다). 그의 왕성한 상상력은 도저히 이해할 수 없는 세상과 힘겹게 맞서 싸우는 그에게 짧게나마 쉴 수 있는 여유를 주었다.

끝이 없는 이야기

이 이야기는 종착역에 다다랐지만, 사실 이 이야기는 끝이 없다. 3~4층짜리 건물들이 빽빽하게 들어선 대도시로 변모한 키모프스크에서 그는 여전히 가족들과 함께 살고 있다. 지난 몇 년간과 마찬가지로, 그는 지금도 매일 아침 책상에 앉아 자신의 이야기를 써 내려가면서 생각을 좀 더 자유롭게 표현하기 위해, 끝없는 싸움의 일부가 된 희망과 절망을 이야기하기 위해 노력하고 있다.

그의 상처는 25년 전에 치유됐지만 반흔 조직이 형성되면서 발작을 일으켰다. 대뇌피질의 손상된 영역들은 회복이 불가능하다. 그래서 그는 생각을 할 때, 잃어버린 기술들을 회복하고 다시 배우는 데 이 손상된 부위를 우회해서 다른 기능들을 활용한다.

그는 이 끔찍한 꿈에서 깨어나게 되기를, 무력한 정신적 지체 상태를 극복하고 선명하고 이해할 수 있는 세계를 발견하게 되기를 간절히 원했다.

시간은 날아가는 화살과 같다. 20년이 넘는 세월이 흘렀지만 여전히 악순환의 고리에 갇혀 있다. 나는 여기서 빠져나갈 수 없고, 명확한 기억과 사고를 가진 건강한 사람이 될 수 없다.

보통 사람들은 내 병이 어느 정도인지 상상조차 할 수 없을 것이다. 직접 겪어보지 않은 사람은 결코 내 상태를 이해할 수 없다.

그리고 그는 세상이 왜 그렇게 이상하게 변했는지, 전쟁이 꼭 필요했는지, 혹은 그런 일이 일어날 수밖에 없었던 타당성을 찾아내기 위해 자신의 과거로 되돌아갔다. 25년 전에 그는 장래가 촉망되는 젊고 유능한 청년이었다. 그가 기억을 잃어버려야만 했던 이유, 과거에 배웠던 모든 지식을 잃어버려야만 했던 이유, 그리고 여생을 몸부림치며 살아야 하는 쓸모없는 인간이 돼버린 이유는 무엇일까? 그는 그 해답을 찾을 수 없었다.

나는 다른 나라에 억압과 노예 제도가 존재하는 이유를 모르겠다. 지구는 모든 인류를 먹이고 입힐 수 있을 만큼, 그리고 기본적인 필수품을 공급하고 후손들의 삶을 밝게 비춰줄 수 있을 만큼 풍요롭다. 그토록 부유한 국가에 전쟁, 폭력, 노예 제도, 억압, 살인, 처형, 가난, 기아, 고통스러운 노동, 실업이 존재하는 이유는 무엇일까?

그는 회복할 수 없는 것을 회복하고, 그의 삶을 떠올리게 하는 단편적인 기억을 통해 무엇인가를 이해하기 위해 계속 노력하고 있다. 그는 다시 자신의 이야기를 쓰기 시작했고, 지금도 쓰고 있다. 그의 이야기는 지금도 진행 중인 끝이 없는 이야기이다.

에필로그를 대신하여
전쟁이 없다면

전쟁으로 얼마나 많은 비극이 일어났는가? 얼마나 많은 사람들이 목숨을 잃거나 불구가 됐으며, 또 얼마나 많은 사람들이 생기 있는 삶을 살 수 있는 기회를 박탈당했는가? 전쟁이 불구로 만들고 목숨을 앗아간 사람들 중에서 얼마나 많은 사람들이 우리 시대의 푸슈킨, 톨스토이, 도스토예프스키, 차이코프스키, 파블로프, 고리키와 같은 위대한 인물들이 될 수 있었는지 누가 알겠는가? 그들 중에 인류의 미래를 장밋빛으로 빛내줄 위대한 과학자들이 포함되어 있었을지도 모를 일이다.

전쟁이 없다면 세계는 이미 오래전에 살기 좋은 곳이 되었을 것이다. 오늘날 우리에게는 살기 좋고 아름다운 세상을 건설하고, 지금 세대는 물론 후손들까지 먹이고 입히고 쉴 수 있는 공간을 제공할 수 있는 기회가 있다.

지구의 물과 흙은 고갈되지 않는 에너지와 자원을 보유하고 있기 때문에 이것들이 바닥날까 봐 걱정할 필요는 조금도 없다. 가까운 미래에 우주여행이 현실화될 것이다. 인류의 첫 번째 행선지는 달이며, 곧 가까운 행성들을 여행할 수 있게 될 것이다. 인류가 이렇게 우주로 활동 범위를 확대하면 다른 행성에 있는 풍부한 자원을 확보하게 되고, 인류의 삶은 더욱 풍요로워질 것이다. 전쟁만 없다면, 우리는 이 모든 것을 현실로 만들 수 있다. 전쟁만 없다면……